고난의
지성소에서
**하나님을
만나다**

고난의
지성소에서
하나님을
만나다

지은이 | 이기승
펴낸이 | 원성삼
표지디자인 | 한영애
펴낸곳 | 예영커뮤니케이션
초판 1쇄 발행 | 2021년 6월 25일
등록일 | 1992년 3월 1일 제 2-1349호
주소 | 03128 서울시 종로구 대학로3길 29, 313호(연지동, 한국교회100주년기념관)
전화 | (02)766-8931
팩스 | (02)766-8934
이메일 | jeyoung@chol.com
ISBN 979-11-89887-40-7 (03230)

값 12,000원

 모든 인간은 하나님의 형상을 닮은 존귀한 존재입니다. 사람은 인종, 민족, 피부색, 문화, 언어에 관계없이 모두 다 존귀합니다. 예영커뮤니케이션은 이러한 정신에 근거해 모든 인간이 존귀한 삶을 사는 데 필요한 지식과 문화를 예수 그리스도의 사랑으로 보급함으로써 우리가 속한 사회에 기여하고자 합니다.

고난의
지성소에서
하나님을
만나다

이기승 지음

하나님과 인간에 대한 묵상

예영

이기승 박사님은 뜨거운 영혼을 가진 목회자입니다. 동시에 냉철한 지성을 겸비한 신학자이십니다. 금번에 이 박사님께서 『고난의 지성소에서 하나님을 만나다』라는 시편 묵상집을 출판하셨습니다.

시편은 처음부터 마지막까지 시인의 입말로 채워져 있고 하나님이 우리에게 주시는 말씀이라기보다는 우리가 하나님께 드리는 말로 구성되어 있어서 자칫 시편이 하나님의 말씀으로 읽히는 것에 대한 거부감이 생길 수 있습니다. 하지만 맥칸(McCann)의 주장처럼 시편은 "인간이 어떻게 기도하고 찬양할 것인지를 가르쳐주는 하나님의 말씀"으로 개인과 신앙 공동체의 신앙과 삶을 이끄는 이정표입니다. 시편은 지혜 가운데 모든 만물을 지으시고(시 104:24), 우주를 소유하신 하나님 그리고 모든 것이 그 안에 속해 있음을 우리에게 알려주며(시 50:10-11) 하나님이 모든 피조물의 삶과 죽음을 결정하시고(시 104:28-30), 모든 민족을 초월하는 주이심(시 33:10-11)을 우리에게 깨우쳐 줍니다. 나아가 시편은 하나님과 인간, 세계와 자연, 징벌과 구원에 대한 풍족한 정보를 우리에게 제공해 주는 성경적 메시지의 보고라 할 수 있습니다.

시편은 그 기본 성격이 시의 모음으로 각 시편의 진정한 의미는 깊은 묵상과 기도를 통해서만 드러날 수 있습니다. 영혼의 깊은 말씀 묵상 속으로 들어가지 않으면 세미한 음성으로 다가오시는 시편의 하나님을 만날 수 없습니다. 평소 깊은 영성의 순례자인 이 박사님의 시편 묵상은 시어 속에 감추어진 말씀의 진수를 길어 올리는 깨달음의 두레박으로 독자 여러분에게 생명의 생수를 제공할 것입니다. 시편 묵상을 통해 이 박사님이 깨달은 은혜를 독자 여러분도 풍성하게 나누십시오!

정인교 박사(서울신학대학교 대학원장)

성경 시편을 해석함에 있어 은유, 전이의 수사법을 적용하는 메타포(metaphor) 또는 컨시트(conceit) 등을 적용하여 또 다른 자신만의 고백으로 승화시킨 저자의 도전이 돋보이는 묵상집으로 신앙적이며 문학적인 경계를 넘나들면서도 찬송에 초점을 맞추어 상제된 묵상집에는 하나님과 인간의 양극화에 대한 화해(和解)를 시도함과 스스로를 통징하는 듯한 순수한 접근이 감동을 준다. 단순한 해석이나 진술이 아닌 충실한 체험의 감동이 제목에서부터 느껴지는 깊은 묵상집이다.

이무영 목사(성도교회 담임, 시인)

이 책에는 인생의 지혜가 가득 담겨 있다. 인생의 유한함과 영원하신 하나님에 대한 깨달음과 송영이 페이지마다 알알이 새겨져 있다. 이것들은 저자가 고난과 감사의 여정에서 모아 온 진실한 것들이어서 더 깊은 느낌을 준다. 이 책 속에서 우리는 삶을 돌아보게 되고, 남은 삶을 저자와 같이 찬양으로 살아갈 소망을 갖게 된다.

김성원 교수(서울신학대학교, 철학적 신학 전공)

4장 복 있는 자

검게 찌푸린 비가 강한 바람을 등에 업고 대지를 집어삼킬 듯 광란의 춤을 추더니 어느새 꼬리를 감추고, 수정같이 맑은 하늘과 황금빛 물결을 타고 경건한 차림새로 반가운 가을 친구가 찾아왔다. 등잔불을 밝히고 성경 속의 인물들을 깊이 만나며 톨스토이나 도스토옙스키의 책을 읽으면서 마음의 정원을 가꾸고 싶다.

지금까지 하나님의 은혜로 지내왔지만, 인생의 길목에서 수많은 어려움과 고통을 겪었다. 지금도 …. 고등학교 2학년 재학 시절에는 새벽 2시에 옥상에 올라가 하늘을 쳐다보면서 하나님께 부르짖기도 했다.

"하나님, 이 환난과 고통이 우리 조상들이 지은 죄의 탓입니까? 환난과 고통이 계속되는 삶이라면 더 살기 싫습니다. 지금이라도 죽여 주십시오!"

그러나 하나님은 묵묵부답이셨다.

그때부터 지금까지 하나님의 끊임없는 침묵 속에서 계속되는 환난과 고통의 터널을 지내왔다. 한 터널을 지날라치면 또 다른 터널이 준비되어 있었고, 그 터널을 지나면 다시 다른 터널이 그곳에 마련되어 있었다.

그런 와중에 깨달은 말씀이 있었다. 하나님은 우리를 온전Wholeness 하게 하기 위해서 고난의 용광로 속에 집어넣으신다는 것이었다(롬 5:1 이하). 그런 믿음을 가져도 고난은 낭만적인 것이 아니라 실제적이어서 너무 고통스러웠다.

그러는 가운데 시편을 계속 묵상했다. 궁켈Gunkel이 분류한 것처럼 제왕시royal Psalm를 비롯한 여러 양식의 시詩가 있지만, 대부분 시인의 삶의 자리Sitz Im Leben는 고난이었다. 그들이 당한 고난에서 터져 나오는 탄식은 내 마음을 움직였다. 그래서인지 그들과 더욱 친밀해지기 시작했고, 그들은 고난 속에 있는 나에게 큰 위로가 되어 주었다. 나는 고난 문제에 대한 직접적인 해답을 찾기 위해 전전긍긍하기보다는 하나님 그분에 대한 묵상에 초점을 맞추었다. 왜냐하면 고난당하는 우리는 "매일의 삶 속에서 온몸으로 십자가의 신비를 살고 있기" 때문이다.[1]

그런 나의 입장에 도움을 준 사람은 욥이었다. 욥은 앞뒤를 보아도 하나님을 찾을 수 없었고, 하나님이 어디 계시고 어디서 무엇을 하시는지 보지도 못하고 알지도 못했지만(욥 23:8-9) 하나님이 그의 고

---

1   존 헤이글, 『고통과 악』 이세영 역(서울: 생활성서사, 2003) p.17.

난을 아시고, 달려갈 길을 마친 후에는 정금같이 될 것을 알므로(욥 23:10) 고난을 이겨내었다. 하나님이 고난당하는 것을 보고 아신다면, 고난은 이미 끝난 것이다(시 31:7)!

내가 발견한 시편은 크게 두 프레임으로 짜여 있다. 즉, 하나님의 영원성과 위대하심 그리고 인간의 한계와 유약함이다. "God is immortal, human being is mortal."이라는 말과 맥락을 같이 한다고 할 수 있다. 나의 묵상이 고난 중에 있는 성도들에게 조금의 도움이 되었으면 하는 마음이다.

한 가지 양해를 구할 것은 글을 인용하면서 각주 처리를 하지 못한 부분들이 여러 군데 있는 것이다. 컴퓨터에 그때그때의 자료를 저장해 두면서 글의 출처까지 꼼꼼히 기록해 두지 못한 까닭이다. 이 점 널리 양해해 주기 바란다.

주님의 은총이 이 황금빛 풍요한 계절에 이 글을 읽는 분들에게 넘치기를 기원한다.

1장

전지전능하신
주 하나님

지금까지 창조론과 진화론은 힘을 겨루며 줄곧 싸워 왔다. 교회에서는 성경을 바탕으로 창조創造를 가르치고, 학교에서는 다윈의 진화론을 바탕으로 진화進化를 가르쳐 왔다. 그래서 학생들은 성경에 대해 의문을 품기 일쑤였고(일반인들도 마찬가지), 진화론이 과학적으로 옳다는 신념을 갖게 되는 경우가 다반사였다.

하지만 성경은 하나님의 계시의 말씀이므로 정확무오하지만, 다윈의 진화론의 경우는 순전히 불완전한 인간적 사고의 유산이므로 신앙의 대상이 되지 못한다. 사실, 다윈은 그가 쓴 책『종의 기원The Origin of Species』에서 자신이 주장하는 진화론은 가설hypothesis이라고 말했다. 그러므로 진화론을 믿는 신앙은 과학주의scienticism 혹은 과학적 미신scientific superstition이라 할 수 있다. 그런 반면, 창조주 하나님을 믿는 신앙은 역사적 과학historical science이라 말할 수 있다. 왜냐하면, 성경은 살아 계신 창조주 하나님께서 역사 안에서 행하신 창조와 구원의 행위 그리고 그와 결부된 사건들에 대한 신빙성 있는 역사적 증언 authentic historical witness이기 때문이다.

어떤 이는 불가지론agnosticism[1]에 빠지기도 한다. 궁극적으로 이에 빠진 이들은 인격적으로 하나님을 만나는 신앙적 체험encounter을 갖지 못했기 때문이다. 안셈Anselm 같은 이는 "나는 이해하기 위해 믿는다."credo ut intelligam고 말했고, 터툴리안Tertullian은 "이해 불가능하기 때문에 나는 믿는다."crdo quia imposible라고 말했다. 사실, 그리스도교 신앙은 믿음에서 믿음에 이르는 것이다.[2]

오귀스트 콩트Auguste Comte 같은 실증주의자들pragmatists은 눈에 보이고 과학적으로 증명될 수 있는 것만 진리요 믿음의 대상이 될 수 있다고 말하지만, 그리스도교 신앙은 믿음에서 확신에 이르는 것이다.

파스칼Blaise Pascal은 믿음을 하나의 현명한 도박으로 정의했다. 그에 의하면 신앙을 증명할 수는 없지만, 만일 신앙의 진리에 내기를 걸었을 때 그 믿음이 거짓으로 판명된다면 손해 볼 것이 하나도 없고, 만일 진리인 것이 증명된다면 전부 얻는 것이 될 것이므로 주저하지

---

1 영국의 생물학자 헉슬리(T. H. Huxley)가 만들어 낸 이론: 경험 현상을 넘어서는 어떤 것의 존재도 알 수 없다고 주장하는 학설. 신의 존재에 대한 명제.
2 로마서 1:17.

말고 하나님이 계시는 쪽으로 내기를 거는 것이야말로 현명한 일이라고 설파했다.

오랜 세월 방황하던 프랑스 천재 사상가이자 수학자인 그는 31세에 하나님을 찾았다. 어려서부터 병약했던 그는 그로부터 6년 동안 하나님의 사랑과 은총 속에 살다가 생을 마쳤는데 불후의 저서 『팡세 *Pensées*』를 남겼다. 그가 죽은 다음 사람들이 봉합되어 있는 문서 하나를 발견했는데, 거기에는 "하나님은 아브라함의 하나님, 이삭의 하나님, 야곱의 하나님, 살아 계시는 하나님이시지 철학 대상의 하나님은 아니시다."라는 글귀가 있었다고 한다.

두 사람이 창세기 1장 1절을 놓고 열띤 논쟁을 벌였다. 한 사람은 창조 기록을 성경대로 믿는다고 하지만, 다른 한 사람은 세상이 어떻게 만들어졌고, 원세포부터 파충류로 그리고 원숭이로, 그 다음 사람으로 진화되었는지 이론을 장황하게 설명했다. 그의 말이 끝나자 먼저 사람이 그를 쳐다보며 질문했다.

"이보게, 자네는 그 자리에 있었는가?"

"물론 그 자리에 없었지!"

창조를 믿는 사람은 "하나님은 거기 계셨어. 그분만이 유일하게 그 자리에 계셨지. 그래서 나는 상상력만을 가지고 말하는 사람들의 추측보다 그 자리에 계신 분의 말씀을 믿는 거야!"라고 응수했다.

성경은 하나님은 숨어 계시는 분이라고 말씀한다.[3] 하나님이 안 계시는 것이 아니다. 우리가 찾지 않는 것이 문제다. "너희가 전심으로 찾고 찾으면 만나리라"(렘 29:13). 하나님은 우리가 하는 숨바꼭질 놀이에서처럼 발견되기를 원하시기에 숨어 계신다.

그런데 에밀 브루너Emil Brunner는 "신을 부인하는 것 자체도 결국 신에 대한 의식이 있기 때문이다."라고 말한다. 알란 리차드슨Alan Richardson은 그의 책『과학, 역사, 신앙Science, History and Faith』에서 "하나님이 계시냐?" 하고 묻는 사람은 이미 하나님께 발견된 사람이라고 말한다. 왜냐하면 그런 질문을 갖게 하신 분은 하나님이시기 때문이라는 것이다. 그는 말한다.

그들은 이미 하나님을 알고 있음에도 불구하고 자기들이 하나님을 알고 있다는 이 사실을 인식하지 못하고 있기 때문이다. 방법을 통해서 하나님을 찾으려고 한다. 즉, 어떤 특수한 종교적 기분이나 감정을 통해서 하나님을 찾으려고 한다. 이와 같이 하나님을 찾는 동안에도 하나님의 존재는 여전하시지만 그들은 그를 알아보지 못하고 있을 뿐이다. 그러나 먼저 그들에게 하나님을 찾으려는 동기를 생기게 한 분은 하나님이시다. 하나님께서는 사람으로 하여금 하나님을 추구하게 하는 원인이 되실 뿐 아니라, 그 추구의 목적이 되신다. 사람이 만일 하나님을 찾고자 하고 진정으로 하나님을 알고자 한다면 그는 벌써 그만큼 하나님을 발견

---

3   이사야 45:15.

했고 또 알고 있다고도 할 수 있다. 좀 더 정직하게 말하면, 그로 하여금 하나님을 찾게 한 분이 하나님이시므로 하나님께서 먼저 그를 발견하신 것이다. 사람이 하나님을 알고자 한 것은 하나님께서 이미 그의 마음속에 이와 같은 욕망을 넣어 주셨기 때문이다. 따라서 하나님을 알고자 하는 사람은 벌써 실질상 하나님과 통한 사람이다.[4]

살아 계신 창조주 하나님은 또한 구원의 하나님이시다. 죄로 말미암아 영원한 파멸을 받아야 할 인간들을 구원하시려고 그분의 독생자 예수 그리스도를 화목 제물로 세상에 보내셨다. 하나님의 어린양 예수 그리스도는 우리 죄악을 대속하시려고 십자가에서 죽임을 당하시고 삼일 만에 다시 살아나셔서 생명의 주가 되셨다.

영국의 사회학자 조쉬 맥도웰Josh McDowell은 철저한 무신론자였다. 그는 성경과 예수의 부활을 공격하기 위해 역사와 모든 학문과 자료들을 두루 섭렵했다. 그래도 그는 상대를 제대로 알고 공격하려면 그리스도교와 예수의 부활을 말하는 성경을 최종적으로 한 번 읽어야 한다는 합리적 생각으로 성경을 읽다가 성경 속에서 예수 그리스도를 만나게 되었고, 예수를 믿기에 이르자 이제는 예수의 부활에 대한 탁월한 변증서라 할 수 있는『목수 예수 *More than a Carpenter*』를 썼다. 그는 특히 그 책 5장 '누가 거짓말 때문에 죽으려 합니까?' Who would die for a

---

4   알란 리차드슨,『과학, 역사, 신앙』현영학 역(서울: 대한기독교서회, 1958), p. 21-22.

lie?에서 열두 제자의 죽음과 관련하여 말한다. 만일 예수의 부활이 역사적 사실이 아니라 꾸며낸 거짓말이었다면, 누가 거짓말을 위해 아까운 목숨을 버리겠느냐[5] 라는 것이다.

베드로는 십자가에서 처형되었다.

안드레도 십자가에서 처형되었다.

마태는 칼에 목 베임을 당했다.

요한은 밧모섬에 유배당하여 죽었다.

알페오의 아들 야고보는 십자가에서 처형당했다.

빌립은 십자가에서 처형되었다.

시몬도 십자가에서 처형되었다.

다데오는 화살에 맞아 죽었다.

예수의 형제 야고보는 돌에 맞아 죽었다.

도마는 창에 찔려 죽임을 당했다.

바돌로메는 머리부터 발끝까지 온몸의 가죽이 벗겨져 죽었다.

세베대의 아들 야고보는 칼에 목 베임 당해 죽었다.

실증주의자였던 도마는 다른 제자들과는 달리 부활하신 예수를 직

---

5   Josh McDowell, *More than a Carpenter*(Wheaton, Ill: Library of Congress, 1977). pp.60-61. 국내에는 도서출판 누가에서 "목수 예수"라는 제목으로 번역하여 출간하였고(2005년), 이후 도서출판 두란노에서 "누가 예수를 종교라 하는가"라는 제목으로 개정증보판을 번역 출간하였다(2010년).

접 보고 손으로 만져 봐야 믿겠다고 했으나, 부활하신 예수의 손의 상흔과 옆구리의 창 자국을 만져본 후 "나의 주시며 나의 하나님이십니다."(요 20:28)라고 고백했다.

이후 그는 인도 지역에 가서 복음을 전하다가 순교했다. 그의 한 손은 지금도 미라 상태로 인도 사원에 보관되어 있다고 한다.

나와 우리 성도 모두는 예수의 손을 만졌다. 왜냐하면 성도들은 나와 악수하면서 나의 손을 만졌고, 나는 지원상 목사님과 악수했고, 지원상 목사님은 사원의 원장과 악수했고, 원장은 도마의 손을 만졌고, 도마는 예수의 손을 만졌기 때문이다. 우리 모두는 간접적으로 예수의 손을 만진 것이다!

한 회교도가 성경을 읽고 개종했다. 그래서 회교도 공동체의 심문이 있었다.

"어째서 너는 회교에서 기독교로 개종했느냐?"

그 회교도는 답했다.

"내가 세상에서 살면서 길을 잃어버렸습니다. 그런데 길을 가다보니 죽은 사람이 하나 있고 산 사람이 하나 있습니다. 누구에게 길을 물어보아야 하겠습니까?"

공동체는 "이 사람아, 그거야 산 사람에게 물어봐야지!"라고 말했고, 그 회교도는 "마호메트는 죽고 예수는 살았습니다. 그러니 살아 있는 예수에게 길을 물어야 하지 않겠습니까?"라고 대답했다.

1999년 4월, 미국 콜로라도주 리틀턴의 콜럼바인 고교에서 일어난 사건이다. 트렌치코트 마피아 단원인 그 학교 학생 에릭 해리스, 딜런 클리볼드가 히틀러 생일을 기하여 식당과 도서관에 있는 학생들에게 반자동소총을 난사하여 40여 명의 사상자를 내었다.

사망자 15명 가운데 캐시 버널 양도 있었다. 그녀는 총을 머리에 겨누고 "하나님을 믿느냐?"라는 말에 "그렇다!"라고 답했고 이어 총에서는 불이 뿜어 나왔다.

두 남학생이 악마주의 음악을 숭배하고 기독교를 배척하며 미워한다는 사실을 캐시 버널은 잘 알고 있었다. "아니다."라고 한마디만 하면 얼마든지 살 수 있었지만 그녀는 목숨을 위한 거짓보다 진실을 위한 죽음을 택했다. 26일, 그녀가 다니던 웨스트 볼스 교회 장례식에 전달된 아버지의 편지는 가슴을 뭉클하게 한다.

"딸의 삶 한가운데에 그리스도가 있었다. 딸의 용기에 가족들은 전혀 놀라지 않고 있다."

살아 계신 하나님과 부활하신 주 예수 그리스도에 대한 확신과 체험이 없다면, 아마 그녀는 총부리 앞에서 겁에 질려 부르르 떨며 "난 하나님을 안 믿어요!"라고 대답했을 것이다.

부활 신앙이 부활 사건을 만들어 낸 것이 아니라, 역사적인 부활 사건이 부활 신앙을 만든 것이다.

고난과 절망 속에서 하나님을 만난 사람들, 죽음의 문턱에서 하나님을 만나고 부활하신 영광의 주 예수 그리스도를 만난 이후 변화된 삶을 사는 사람들은 우리 주변에 수없이 많다.

창조와 구원의 하나님, 우리 죄를 위하여 십자가에서 죽으셨다가 삼일 만에 다시 살아나신 주 예수 그리스도 그리고 우리를 위해 보내심을 받은 보혜사 성령 하나님은 약속하신 말씀대로 세상 끝 날까지 임마누엘Immanuel로 우리와 함께하신다!

그런데 전지전능하신 주 하나님은 왜 악과 고통을 제거하지 않고 선민 이스라엘 백성과 오늘 우리에게 허용하시는가? 이에 관하여는 많은 해석과 신학적인 토론이 있었다. 하지만 우리가 여러 해석과 토론의 장에 들어선다고 해서 고난 혹은 고통이 경감되는 것은 아니다. 고난 혹은 고통은 실제적인 것이기에 우리는 계속 그에 대해 질문하며 그것과 씨름한다.

이에 대한 성경적인 근거와 해답을 차후에 차차 음미할 것이다. 제1장에서는 모든 것을 초월해 계신 전능하신 주 하나님의 성품과 역사에 대해 묵상할 것이다.

1. 복의 근원되신 주 하나님

내가 여호와께 아뢰되 주는 나의 주님이시오니 주 밖에는 나의 복이 없다 하였
나이다(시 16:2)

하나님께 가까이함이 내게 복이라(시 73:28)

　　우리 한국인은 복이라고 하면 부富, 귀貴, 수壽, 강령强寧, 고종명考終
命을 꼽는다. 그래서 새해가 되면 "새해 복 많이 받으세요!" 하고 세배
하며 인사하고 의복이든 그릇이든 어디든지 복福 자로 가득 채웠다.
돈이 많은 부자가 되는 것, 사회적으로 높은 지위와 권력을 가지며 그
에 따른 쾌락을 누리는 것, 오래 사는 것, 몸이 건강하고 삶이 평안한
것 그리고 죽을 때 잘 죽는 것을 복으로 여기며 안간힘을 다하여 그것
을 추구한다. 그러나 마쓰시타 고노스케 같은 이는 가난을 하나님이
주시는 복으로 믿은 사람이다. 그는 말한다.

　　나는 세 가지 하늘의 은혜를 입고 태어났다. 그 세 가지는 가난과 허약한 몸 그리

고 못 배웠다는 것이다. 나는 가난 속에 태어났기 때문에 부지런히 일하지 않고

서는 잘살 수 없다는 것을 깨달았고, 또 건강의 소중함을 일찍 깨달아 몸을 아껴

아흔 살이 넘은 지금도 30대처럼 매일 같이 냉수마찰을 한다. 그리고 마지막으로 초등학교 밖에 못 나온 나를 주변에서 스승이라고 받들고 칭송해 줌으로 더욱 배우려고 노력하지 않을 수 없었다. 그러니 불행한 환경이야말로 오히려 나를 이만큼 성장시키기 위해 하늘이 내려준 복이 아니겠는가?

찢어지게 가난했지만 믿음을 지키며 십일조를 드리는 로젠버그 Rosenberg 라는 소년이 있었다. 소년은 믿음과 성실만이 인생을 성공할 수 있음을 확신하며 가난에 굴하지 않고 살았다. 그 결과, 그는 30세 되던 해에 '모빌 런치 서비스'라는 회사를 창립하게 되었고, 이어 세계적인 도넛을 개발하게 되었다. 그것이 바로 '던킨 도너츠'다. 그는 72세 축하연에서 "나는 가난과 교육 부재의 환경에서 자랐습니다. 그러나 하나님께서는 제 짐을 맡아 주셨습니다. 성공은 지식에 있지 않고 삶의 태도에 있다고 믿습니다."라고 말했다. 가난도 잘 사용하면 복이 될 수 있다.

요즘에는 그런 진풍경이 사라졌지만, 내가 어렸을 때에 새해가 되면 복조리 장수들이 새벽을 누비면서 "복조리 사세요, 복조리!" 하면서 가가호호 방문했다. 만일 문을 열고 나가서 직접 돈을 주고 사지 않으면 마당에 그냥 던지고 간 후, 다음날 수금收金하러 다녔다. 당시는 거의 집집마다 복조리가 걸려 있었다. 복이 찾아와서 듬뿍 담겨지기를 기대하는 마음으로 ….

그러나 시편 기자는 이와 다르게 '주 하나님이 자신의 복'[6]이라고 고백한다. 이 고백은 창조의 핵심적인 목적이 하나님과의 교제라면, 하나님과 교제하는 것을 궁극적인 복으로 간주한 것이다. 그런 반면, 세속적인 복은 단지 그림자일 뿐이다. 궁극적으로 모든 사람이 피할 수 없는 죽음은 그 모든 것을 무無로 만든다. 무로 돌아갈 인간에게 세속적인 복이 무슨 의미가 있겠는가? 이렇게 말하는 것은 허무주의 nihilism가 아니다. 인생이 허무한 것을 모르는 것이 허무주의이며 그렇게 사는 자가 허무주의자nihilist다.

에리히 프롬은 그의 책『소유냐 존재냐?To Have or To Be』에서 존재의 실재reality는 무엇을 소유하는 데 있지 않고 존재하는 데 있다고 말했다.[7] 진복眞福은 소유에 있지 않고 존재에 있다. 존재에 있다는 것은 인간human being과 만물all things을 존재하게 하고 유지하시는 창조주 하나님을 경외하고 기뻐하며 예배하며 섬기는 것이다. 그것이 하나님에 의해 지음 받은 인생의 목적이다. 하나님을 기뻐하고 즐거워하는 것(시 37:4)만한 진복이 어디 있으랴!

만복의 근원 하나님

6 다른 한편, 성경은 하나님을 "비의 왕"(King of rain), 즉 복의 왕으로 묘사한다. 이에 관해서는 뒤에서 다룰 것이다. 호세아 6:1-3, 10:12 참조.
7 에리히 프롬,『소유냐 존재냐』박병진 역 (서울: 육문사, 1987). p.62.

온 백성 찬송 드리고

저 천사여 찬송하세

찬송 성부 성자 성령 아멘

_ 새찬송 1장

2. 바운더리가 없는 하나님

구름과 흑암이 그를 둘렀고(시 97:2)

나는 빛도 짓고 어둠도 창조하며 나는 평안도 짓고 환난도 창조하나니 나는 여호와라 이 모든 일들을 행하는 자니라(사 45:7)

주에게서는 흑암이 숨기지 못하며 밤이 낮과 같이 비추이나니 주에게는 흑암과 빛이 같음이니이다(시 139:12)

하나님은 바운더리boundary가 없는 하나님이시다. 다시 말하면 하나님께는 빛과 어둠, 평안과 환난 사이에 바운더리로 말미암는 이분법적 나눔이 없다. 모든 것은 '하나'oneness다. 우리는 빛은 긍정적이고 선한 것, 어둠은 부정적이고 악한 것으로 생각하거나 간주하며, 이와 마찬가지로 평안은 좋은 것으로 환영하고 환난은 나쁜 것으로 멀리하고자 한다. 부도 가난도, 사랑도 미움도, 생명과 죽음도 서로 상반된 두 실재로 여긴다. 볼록 렌즈와 오목 렌즈는 바라보는 사람의 자리에 따라서 다르지만, 실재는 한 개의 거울이다.

사람들의 관계 속에서 이 바운더리로 인하여 차별과 소외현상이 일어난다. 마르틴 부버Martin Buber가 말한 바와 같이, 인간관계가 '나와 너Thou'가 아니라 '나와 그것it'의 관계로 전락하는 것도 따지고 보면 이 바운더리 때문이다. 바운더리는 다른 사람만 소외시키는 것이 아니라 자신이 소외시키는 사람들로부터 자신을 소외시킨다.

비단 소외뿐이랴? 단편화fragmentation, 주변화marginalization 등 모든 역기능적 관계는 바운더리의 산물이다. 바리새인이 자신을 의롭게 여기고 다른 사람들을 무가치한 죄인으로 규정하는 것도 이에 속한다. 그러나 예수님이 모든 죄인(세리와 창기까지도)을 받아들여 주셨다는 사실은 예수님이 바운더리를 갖지 않으셨다는 증거다.

하나님께는 이와 같은 바운더리가 없다. 우리가 모든 것을 '이분법적'으로 나누어 생각하는 것은 우리 '의식意識의 바운더리경계선' 때문이다. 하나님은 모든 것의 모든 것 되시는 분이시므로 모든 실재reality와 모든 현상phenomena은 다 하나님이 행하시는 것by God이며 하나님 안에in God있는 것이다. 그러므로 우리의 의식에 있는 바운더리를 제거하면 모든 것을 하나로 수용할 수 있고, 따라서 성경 말씀대로 "범사에 감사할 수 있다"(살전 5:18).

켄 윌버Ken Wilber는 『무경계No Boundary』라는 책에서 우리의 삶을 침울하고 어둡게 하는 우리 의식 안에 있는 바운더리에 대해서 말한다.

죄로 말미암아 상처 입은 정신에서 뻗어나는 하나의 지류는 경계선 의식 (boundary consciousness)이다. 이 경계선에 의해 우리는 우리 자신과 다른 사람들과 세계로부터 소외시키며 단편화(fragmentation)를 만들어 낸다. 우리가 경험하는 모든 종류의 투쟁 경험(갈등, 불안, 고통 그리고 절망)은 이 경계선 때문이다. 우리 의식의 스펙트럼은 이 바운더리로 채색되어 있어서 연합의식(unity consciousness)을 불가능하게 한다. 경계선은 단편화로 추락한 아담과 하와의 타락으로 말미암은 원죄의 다른 면이다.[8]

죄와 타락의 결과로 우리 의식 안에 자리한, 지울 수 없는 하나의 영원한 바운더리경계선 의식를 제거하면 우리는 모든 것을 하나님에 의한 하나님 안에 있는 통합된 것으로 받아들일 수 있을 뿐 아니라 하나님 안에서 자유할 수 있다. 그리고 이 경계선은 예수 그리스도의 피로 말미암아 제거될 수 있다. 즉, 예수 안에서 새로운 피조물로 태어나는 것이다. 그리고 거듭남重生은 믿음으로만 가능하다. 믿음으로 거듭난 신자에게는 하나님 홀로 모든 것의 해답이 되신다.

---

8   Ken Wilber, *NO Boundary: Eastern and Western Approaches to Personal Growth* (Boston & London, Shambhala, 1979), p.32.

3. 찬송 중에 계시는 하나님

이스라엘의 찬송 중에 계시는 주여 주는 거룩하시니이다(시 22:3)

여호와를 찾는 자는 그를 찬송할 것이라(시 22:26)

내가 평생토록 여호와께 노래하며 내가 살아 있는 동안 내 하나님을 찬양하리
로다(시 104:33)

이 백성은 내가 나를 위하여 지었나니 나를 찬송하게 하려 함이니라(사 43:21)

프린스턴대학교 교수들 가운데 어느 한 교수는 채플chapel 시 찬송
을 할 때 입을 꾹 다물었다. 어느 날 채플 중에 졸다가 잠시 꿈을 꾸었
다. 꿈에서 있었던 일이다.

천국 문 앞에서 노크했을 때, "누구요?"라는 질문과 이어 천국 문
을 열고 들어가는 것을 거절당했다. 그 교수는 천국 문을 지키는 천사
에게 "왜 들어갈 수 없느냐?"라고 항의하듯 물었다.

천사는, "당신은 신학 공부해서 신학은 잘했는데 찬송을 잘했다는
기록은 없소. 우리 천국에는 신학 잘하는 사람은 필요 없소. 그러니
가서 찬송을 배워 오시오!"라고 하더란다.

그 교수는 진땀을 흘리며 꿈에서 깨어난 후 회개하고 이후부터 예
배드릴 때 열심히 찬송했다고 한다.

18세기 영국 교회 윌리엄 로우William Row 목사는 이렇게 말했다.

세상에서 가장 위대한 성인이 누구인지 알고자 하는가? 그는 기도를 가장 많이 하거나, 금식을 많이 하는 사람이 아니다. 헌금을 가장 많이 하는 사람도 아니다. 항상 하나님께 감사하는 사람, 매사에 하나님의 뜻을 자기 뜻으로 삼는 사람, 모든 것을 하나님의 선하심의 증표로 받고 늘 그로 인해 마음에 하나님을 찬양할 준비가 되어 있는 사람이다.

사실 찬양의 결여는 '하나님에 대한 올바른 관점이 없다.'라는 뜻이다. 하나님을 알면 감사와 찬송을 올리지 않을 수 없다. 찬송 혹은 찬양은 구원받은 자들이 하나님께 마땅히 드려야 할 제사다.

그러므로 우리는 예수로 말미암아 항상 찬송의 제사를 하나님께 드리자 이는 그 이름을 증언하는 입술의 열매니라 _ 히 13:15

웨슬리John Wesley는 "찬양은 더 큰 은혜로 나아가는 문을 열어 준다."라고 말했고, 스펄전Charles Spurgeon은 "하나님의 자비로 인해 우리가 하나님을 찬양하면 그 자비를 연장하는 것이고, 불행을 인해 하나님을 찬양하면 그 불행을 끝내는 것이다."라고 말했다.

실로 거룩하신 하나님께 드리는 찬양은 믿음과 소망의 길잡이로서 위로 향하는 힘up-going power이자 안으로 향하는 힘in-going power으로서 우리의 삶에 감화, 용기, 위로, 평화를 주는 은혜의 통로이자 하늘의 피를 수혈하는 관이다.

이사야서 61장 1-3절은 찬양을 '근심을 제거하는 옷'으로 정의하며, 시편 67편 5-7절은 '찬양의 유무가 땅의 수확을 결정'한다고 말씀한다.

또한 찬양은 적을 대항하는 주 무기다. 역대기하 20장은 '어떻게 할 수 없는'(12절) 사면초가 혹은 진퇴양난 형편 가운데 여호사밧왕이 찬양으로 모압과 암몬 그리고 마온 연합군을 대파하고 승리하여 많은 전리품을 취하게 되는 기적적인 역사를 보도한다.

에베소 옥중에서 밤에 부른 바울과 실라의 찬송은 결박을 끊고 옥문을 열어 주었다!

미국의 페니Peny라는 사업가는 젊었을 때부터 사업을 하였는데 하는 것마다 실패했다. 사업은 부도나고 빚은 산더미 같이 불어났다. 그래서 자살하려고 해변에 있는 모텔에 투숙하고 있는데, 모래사장에서 청년들이 찬양을 하고 있었다. 그때 그는 어린 시절 교회학교에 다니던 생각이 났고, 그때의 신앙이 다시 싹트기 시작했다. 그는 모텔에 엎드려 하나님 없이 살던 생활을 눈물로 회개하는데 회개 중에 기쁨이 찾아왔다. 그는 소망과 확신을 갖고 양질의 물건을 만들어 싼 값에 판매하기 시작했다.

그는 사회에 유익을 주고 예수 그리스도께 영광을 돌리게 해 달라고 간절히 기도하고 새로운 사업을 시도했다. 결국 사업은 대성했고 미국 어디를 가나 J. C. Peny 백화점을 볼 수 있다. 이는 Jesus Christ Peny의 약자다.

큰딸이 살고 있는 뉴욕을 방문하면 그의 백화점이 큰 사거리 길에 자리하고 있다. 그것을 볼 때 내 영혼 깊은 곳에서 우러나는 찬송을 드리곤 한다.

찬양이 있는 곳에 하나님이 임재하시므로, 하나님의 임재를 사모하는 이들의 찬양이 너무나도 값진 것이지만, 만일 찬양을 드린 후 하나님과 동행하지 않는 옛 생활로 되돌아간다면, 우리가 드리는 찬양은 단지 자신만을 기쁘게 한 자기 위로, 만족 혹은 감상적인 놀이로 전락할 것이다.

4. 목자이신 하나님

여호와는 나의 목자시니 내게 부족함이 없으리로다 그가 나를 푸른 풀밭에 누이시며 쉴 만한 물가로 인도하시는도다 내 영혼을 소생시키시고 자기 이름을 위하여 의의 길로 인도하시는도다 내가 사망의 음침한 골짜기로 다닐지라도 해를 두려워하지 않을 것은 주께서 나와 함께 하심이라 주의 지팡이와 막대기가 나를 안위하시나이다 주께서 내 원수의 목전에서 내게 상을 차려 주시고 기름을 내 머리에 부으셨으니 내 잔이 넘치나이다 내 평생에 선하심과 인자하심이 반드시 나를 따르리니 내가 여호와의 집에 영원히 살리로다(시 23편)

성경에서 하나님에 대한 메타포metaphors[9] 가운데 가장 두드러지다고 할 수 있는 것은 목자牧者 은유다. 하나님은 *여호와 로이*Jehovah-rohi로서 택하신 이스라엘 백성 뿐 아니라 양인 우리의 목자로서 먹이시고, 돌보시고, 보호하시고 인도하신다. 목자이신 하나님은 우리가 죽을 때까지 선하신 목자의 일을 하신다(시 48:14).

맥어보이McAvoy는 말한다.

양은 규칙적인 돌봄을 필요로 한다. 그것 없이 양떼를 소유할 수 없고, 양들이 스스로를 돌보며 자신들의 필요를 채울 것이라고 신뢰할 수 없다. 그들은 규칙적

---

9 성경의 메타포들: 전사(The Divine Warrior), 아버지(father), 토기장이(Potter), 주인(Master), 포도원 농부(Farmer), 목자(Shepherd), 남편(Husband).

인 물과 음식을 찾는 집 안의 애완동물처럼 독립적이지 않다. 양들은 음식, 깨끗한 목장과 물을 필요로 하며, 매년 털을 깎아 주어야 하며, 발굽을 다듬어 주어야 하며, 출산을 도와주어야 한다. 양들은 방황하기 쉽고, 구덩이에 잘 빠진다. 양들은 길을 잃거나 덫에 잘 걸릴 만큼 유약하다.[10]

이렇게 유약한 양들을 세세히 관찰하고, 돌보고, 먹이고, 보호하는 것이 목자가 하는 일인데, 목자 되신 하나님 역시 사랑으로 그분의 양인 우리를 위해 이 모든 일을 하신다.

어느 곳에 남매를 기르는 독실한 부인이 있었다. 그런데 그 부인은 어려운 생활로 곤란에 처해 있었다. 그의 남편은 돈을 버느라 멀리 떨어진 곳에 있었는데, 불행히도 일이 잘 되지 않아 가족의 생활비를 보내주지 못했다.

어느 날 저녁, 양식이 다 떨어져 집에는 쌀 한 톨 없었다. 이튿날 아침, 부인은 식탁에 일곱 개의 접시를 놓고 아이들을 불러 모아 앉힌 다음 "자! 이제는 우리의 필요한 양식을 하나님께서 주시길 기도하자."라고 하였다.

도움을 구하는 간절한 기도가 끝나자 아이 하나가 "문 밖에 빵 굽는 이가 왔어요."라고 하였다.

10 Kerry Kerr McAvoy, *Bringing Hope And Healing: Jesus, the U;tiamte Therapist*(USA: International Bible Society, 2010), p. 90.

이때 문 두드리는 소리가 나며 곧 빵 굽는 이가 문을 열고 들어서며, "빵을 싣고 다니는 마차가 눈구덩이에 빠져 그것을 빼느라고 밖에 있었더니 하도 추워서 몸을 녹이러 들어왔습니다. 그런데 혹 오늘 아침 빵이 필요하지 않습니까?" 하는 것이었다.

"글쎄요. 꼭 쓰기는 해야겠는데 지금은 살 돈이 없어요."라고 어머니는 대답했다.

이때 빵 굽는 이는 문득 식탁에 놓인 접시를 보게 되었고 이 집이 곤경에 처한 것도 알게 되었다.

"아니, 이 아이들에게 줄 빵도 없단 말입니까?"

"예, 한 조각도 없습니다."

"그렇습니까? 그러면 제가 얼마 갖다 드리지요."

이 친절한 빵 굽는 이는 곧 자기 마차로 달려가 빵 일곱 덩이를 가져다가 빈 접시에 한 덩이씩 놓았다.

그러자 어린아이 하나가 빵 덩이를 들고 기뻐하며, "엄마, 제가 하나님께 빵을 달라고 했더니 하나님이 들으시고 제게 빵을 보내주셨어요"라고 말하니, 다른 아이들 역시 그렇게 말하는 것이었다. 아이들은 하나님께서 자기들의 기도를 개별적으로 들으시고 제각기 빵을 보내주신 것으로 생각한 것이다.

선한 목자 되신 하나님은 이처럼 기적적으로 우리 모두를 돌보고 계신다.

어떤 목사님이 한 교회로부터 설교 부탁을 받았다. 설교를 부탁한 교회 여사무원이 강사 목사님에게 집회 순서지를 만들 요량으로 말씀 본문과 설교 제목을 부탁했다.

강사 목사님은 전화상으로 본문은 시편 23편이고, 설교 제목은 "여호와는 나의 목자"라고 말해 주었다.

사무원은 "여호와는 나의 목자, 그것뿐이에요?"하고 물었다.

목사님은 "여호와는 나의 목자면 됐지, 그 이상 무엇이 더 필요하세요?"라고 말했다.

집회하는 날, 그 교회에 도착하여 예배 순서지를 본 강사 목사님은 깜짝 놀랐다. 설교 제목이 "여호와는 나의 목자신데 그 이상 무엇이 필요하세요?"라고 적혀 있는 것이 아닌가! 결국 그 집회는 성령님의 놀라운 역사가 임한 은혜로운 집회가 되었다고 한다.

선한 이스라엘의 목자이신 하나님이 세운 이스라엘의 목자들은 어리석은 목자들이었다. 그들이 여호와를 찾지 않아서 양들은 뿔뿔이 흩어졌다(렘 10:21; 겔 34:5). 그들은 양을 먹이는 대신 자신들을 먹이는 거짓 목자들이었다(겔 34:2). 그들은 양들을 주리게 하였고, 병든 양들을 치료하지 않았고, 길 잃은 양들을 방치하였을 뿐 아니라 아예 흩어지게 만들었다(오늘날의 삯꾼 목자들을 '먹사'라 부른다). 그러나 선한 목자이신 하나님은 그와 반대로 양들을 아끼시고 먹이시고 보호하시고 치료하시고 길을 인도하신다.

이와 한가지로 예수님도 '선한 목자'시다(요 10:14).[11] 선한 목자 되신 예수님은 목숨 걸고 우리를 돌보신다. 그분은 양들을 아시고 양들도 목자이신 주님을 알고 목자 되신 주님의 음성을 듣고 따라간다.

> 나는 선한 목자라 선한 목자는 양들을 위하여 목숨을 버리거니와 삯꾼은 목자가 아니요 양도 제 양이 아니라 이리가 오는 것을 보면 양을 버리고 달아나나니 이리가 양을 물어가고 또 헤치느니라 달아나는 것은 그가 삯꾼인 까닭에 양을 돌보지 아니함이나 나는 선한 목자라 나는 내 양을 알고 양도 나를 아는 것이 아버지께서 나를 아시고 내가 아버지를 아는 것 같으니 나는 양을 위하여 목숨을 버리노라 _ 요 10:11-15

양은 집단적으로(떼를 모아) 움직이고, 어리석고, 쉽게 놀라며, 포식자들의 끊임없는 위협에 노출되어 있다.[12] 그래서 여러 목자가 양을 치다가 저녁이 되면 돌로 담을 쌓아서 한 개의 커다란 우리를 만든 후 각자의 양 떼 모두를 그 우리 속에 들인 다음에 문 앞에서 잠을 자면서 양들을 공격하는 천적 짐승들로부터 양들을 보호한다.

아침이 되어 목자들이 자기 양들의 이름을 부르면 한 마리 양도 착오 없이 주인의 음성을 듣고 따라 나간다고 한다. 다른 목자의 음성을

---

11 예수의 자기 선언(*ego eimi*) 형식 가운데 하나: 생명의 떡(요 6:35), 세상의 빛(요 9:5), 양의 목자(요 10:1), 부활이요 생명(요 11:25), 길이요 진리요 생명(요 14:6), 포도나무(요 15:1, 5).
12 McAvoy, p.89.

듣고 따라 나가는 일은 추호도 없다.

선한 목자이신 예수님은 그분의 양인 우리들 한 사람 한 사람을 아실뿐 아니라 우리들이 필요로 하는 모든 것들을 사랑으로 공급해 주신다. 죽을 때까지 …(시 48:14).

만일 우리가 죽는다면, 우리에 대한 주님의 목자로서의 사명이 끝나도록 준비된 날이다. 그렇다면 무엇을 두려워 할 것인가? 그럴 필요가 있는가?

5. 전사이신 하나님

그때에 주께서 잠에서 깨어난 것처럼, 포도주를 마시고 고함치는 용사처럼 일어나사(시 78:65)

여호와는 용사시니 여호와는 그의 이름이시로다 그가 바로의 병거와 그의 군대를 바다에 던지시니 …(출 15:3-4)

여호와께서 용사 같이 나가시며 전사 같이 분발하여 외쳐 크게 부르시며 그 대적을 크게 치시리로다(사 42:13)

그러하오나 여호와는 두려운 용사 같으시며 나와 함께 하시므로 나를 박해하는 자들이 넘어지고 이기지 못할 것이오며(렘 20:11)

만군의 주 여호와 하나님은 전사戰士, The Divine warrior이시다. 세상의 그 어떤 강력한 군대라도 하나님과 견줄 수 없고 하나님을 이길 수 없다.

전사이신 하나님은 애굽에서 종살이하는 이스라엘을 그의 군대로 모집하셔서[13] 가나안 땅을 극악한 죄로 물들인 일곱 족속을 대항하여

---

13 하나님 선택의 메타포적인 묘사 가운데 한 가지다. 하나님은 전사(The Divine Warrior)시고 이스라엘은 하나님이 징병한 군대(God's levied army)다. 출애굽기 15:3, 14:25; 시편 60:8, 9; 사무엘상 17:45; 이사야 13:3; 신명기 20:3, 4 참조.

헤렘Herem인 성전聖戰을 치루시고, 마침내 승리하셔서 그들을 쫓아내신다. 다윗이 거장 골리앗을 물맷돌로 쳐서 쓰러뜨린 것도 전사이신 하나님의 능력이 함께했기 때문에 가능한 것이었다(삼상 17:41-54). 드보라의 승리도 마찬가지다(삿 4-5장). 사무엘이 이끈 미스바 대성회를 틈타서 군사적 공격을 감행한 블레셋 대군을 물리치고 대승을 거둔 것도 전사이신 하나님이 도우신 결과였다(에벤에셀. 삼상 7장). 모압과 암몬 그리고 마온 족속의 연합군, 중과부적의 대군을 격파한 것도 전사이신 하나님의 칼날 도움 덕택이었다(대하 20장).

남북전쟁 시, 북군이 남군에게 몰리고 있는 상황이었다. 어느 날 각료들이 기도하는 링컨을 집무실 밖에서 초조하게 기다리고 있었다. 그럼에도 링컨은 아랑곳하지 않고 긴 시간 기도하고 나왔다. 그런 대통령에게 각료들이 물었다.

"각하, 하나님께서는 틀림없이 우리 편이시겠지요?"

"물론 하나님은 틀림없이 우리 편이십니다. 그러나 문제는 우리가 하나님 편에 서 있느냐 아니냐 입니다."라고 말했다고 한다. 하나님은 하나님 편에 서는 자, 곧 용사인 백성warrior people을 도우신다.

맥아더 원수는 한국전에서 승리한 후 연설할 때, "한국 전쟁의 승리는 미국의 힘으로 이긴 것이 아니며, 한국이 잘 싸워 이긴 것도 아닙니다. 전적으로 하나님이 도와 주셔서 승리한 것이므로 하나님께 영광을 돌립니다."라고 고백했다.

　미국의 조지 워싱턴이 독립전쟁을 할 때, 유럽에서 온 두 사람이
워싱턴에 관해 이야기했다.
　"이번 독립전쟁에서 누가 이길 것 같습니까?"
　"워싱턴이 이길 것입니다."
　"무엇 때문에 워싱턴이 이긴다는 확신을 갖게 되었습니까?"
　"얼마 전 추운 겨울날, 워싱턴이 이끄는 부대 근방을 지나는데 숲
속에서 부르짖는 소리가 들려 가까이 가 보니 그가 눈 위에 무릎을 꿇
고 얼굴을 눈 위에 대고 하나님께 부르짖는 기도를 하고 있었습니다.
나는 그때 워싱턴이 승리한다는 확신을 갖게 되었습니다."

　다른 한편 우리가 생각할 것이 있다. 우리는 전사(용사)라 하면 싸
움이나 전쟁에 능한 것으로 생각하는 경향이 농후하지만, 전사 에너
지는 다른 독특한 면을 지닌다.
　시카고신학대학원의 로버트 무어Robert Moore 교수는 말한다.

　　성경의 히브리인들은 근본적으로 전사 하나님(warrior God)을 따르는 전사 백
　　성(warrior people)이다. (중략) 전사 에너지(warrior energy)는 긍정적인 정
　　신 태도, 위대한 용기, 행위의 책임성, 자기 이득을 초월한 헌신(transpersonal

commitment)을 낳는다.[14]

살아 계신 만군의 주 야훼 하나님, 전사이신 하나님은 무어 교수가 언급한 바와 같이 그분을 배반하고 멀리 떠난 이스라엘 백성과 우리를 구원하시기 위하여 그분의 독생자 예수 그리스도를 이 땅에 보내셨고, 십자가에서 우리를 대신하여 죽게 하시는 '초월적인 헌신과 사랑'으로 우리에게 영생을 주시는 구원의 하나님이시다.

이스라엘과 오늘을 사는 우리는 전사이신 하나님의 전사 백성 warrior people 혹은 전사 군대warrior army다. 그러므로 우리는 세상과 사탄과의 영적 싸움spiritual warfare에서 얼마든지 승리할 수 있다(요 16:33; 요일 5:4).

전사이신 야훼 하나님은 또한 교회로 하여금 음부의 문을 깨뜨려 승리하게 하신다.[15] 음부의 권세는 교회를 이길 수 없다. 궁극적으로 전사이신 야훼 하나님은 믿는 개인이나 교회에 *야훼 닛시*Johovah-nissi 의 깃발을 세워 주신다.[16]

그러므로 군대가 나(우리)를 대적하여 진 칠지라도 두려워하지 않

---

14 Robert Moore, Douglas Gillette, *King, Warrior, Magician, Lover*(New York: HarperSanFrancisco, 1990), pp.83-84.

15 마태복음 17:18.

16 출애굽기 17:15.

을 것이며, 전쟁이 일어나 나(우리)를 치려 할지라도 태연할 것이며(시 27:3), 병거나 말을 의지하지 말 것이며(시 20:7), 도울 힘이 없는 위인들이나 인생을 믿거나 의지하지 말고(시 146:3) 야곱의 하나님, 전사이신 야훼 하나님을 힘과 도움으로 삼아야 할 것이다(시 146:5).

6. 오른편에 계시는 하나님

내가 여호와를 항상 내 앞에 모심이여 그가 나의 오른쪽에 계시므로 내가 흔들리지 아니하리로다(시 16:8)

주께서 사랑하시는 자를 건지시기 위하여 주의 오른손으로 구원하시고 응답하소서(시 60:5)

주의 오른쪽에 있는 자 곧 주를 위하여 힘있게 하신 인자에게 주의 손을 얹으소서(시 80:17)

인자가 자기 영광으로 모든 천사와 함께 올 때에 자기 영광의 보좌에 앉으리니 모든 민족을 그 앞에 모으고 각각 구분하기를 목자가 양과 염소를 구분하는 것 같이 하여 양은 그 오른편에 염소는 왼편에 두리라(마 25:31-33)

하나님을 우리의 오른편에 모시려면 우리가 먼저 하나님의 오른편Dexios에 서야 한다. 왼편Nunomos에 서서는 안 된다. 왜냐하면 오른편 덱시오스Dexios는 구원 곧 영생과 축복의 자리요, 왼편 누노모스Nunomos는 영벌永罰과 저주詛呪의 자리이기 때문이다.

이 두 가지 결과는 다음에 연유한다. 덱시오스는 온전한 믿음과 순종과 헌신과 충성의 자리이지만, 누노모스는 불신앙, 불순종, 불충성의 자리이기 때문이다.

시몬 베드로를 처음 만난 예수님은 그에게 깊은 곳에 가서 '그물들'$\tau\alpha$ $\tau\epsilon\kappa\tau\upsilon\alpha$을 던지라고 명하셨다. 그러나 시몬은 자기 생각, 경험, 자기 의지$_{willfulness}$를 의지하여 '한 개의 그물'$_{\tau\acute{o}\nu}$ $_{\tau\acute{e}\kappa\tau o\nu}$을 던졌다. 그런 다음 그물을 끌어당기니 물고기가 너무 많아 그물이 '찢어졌다'(눅 5장). 처음 예수님을 향해 '선생님'$_{epistata}$이라고 부르던 시몬은 이 기적 앞에서 "'주여'$_{\kappa\upsilon\rho\iota\epsilon}$ 나를 떠나소서. 나는 죄인이로소이다."(눅 5:8)라고 고백한다. 3년 공생애 기간 수제자로서 예수님을 따르는 그, '모든 제자는 다 주를 버릴지라도 나는 결코 버리지 않겠다.'라고 호언장담 하던 그는 생명의 위협 앞에서 세 번씩 예수를 부인한다. 그것도 스승을 저주까지 하면서 ….

부활하신 예수님은 과거의 삶으로 되돌아가서 갈릴리 호수에서 물고기를 잡고 있는 시몬을 다시 찾아오신다. 그리고 이전과는 달리 이제는 "배 '오른편'$_{Dexios}$에 그물 '하나'$_{\tau\acute{o}\nu}$ $_{\tau\acute{e}\kappa\tau o\nu}$를 내리라"고 명하신다. 과거 불순종했던 시몬은 이제는 부활하신 주님의 말씀을 온전히 믿고 신뢰하고 순종하여 배 오른편에 그물 '하나'$_{\tau\acute{o}\nu}$ $_{\tau\acute{e}\kappa\tau o\nu}$를 내린다. 실로 조그만 고기잡이배에서 오른편과 왼편이 무슨 큰 차이가 있겠는가?

결과는 예상 밖이었다! 많은 물고기가 잡혔지만 그물은 '찢어지지 않았다'! 그물을 끌어내어 잡힌 물고기를 헤아려보니 큰 물고기가 153마리였다. 153 플레소스$_{\pi\lambda\epsilon\sigma o\varsigma}$는 완전수, 충만 수라는 뜻이다. 불신앙과 불순종의 결과는 찢어지는 결과를 낳지만, 믿음과 순종의 결과는 충만한 축복의 결실fullness을 맺는다는 뜻이다.

그리스도교 신앙은 나의 생각, 이성, 의지, 경험, 주장을 십자가에 못 박는 것이다. 시몬 베드로는 이것들 때문에 실패를 경험했지만, 부활하신 주님의 말씀을 온전히 믿고 의지하고 순종함으로써 축복된 신앙 세계를 경험할 뿐 아니라 제자도discipleship의 원리를 체득했다.

예수님이 오시면 구원받을 오른편에 설 성도들과 지옥에 버림받을 왼편에 설 염소들을 구별하신다. 지금 어느 편에 설 것인가?

둘째, 하나님을 우리 오른편에 모시려면, 하나님을 우리 앞에 모셔야 한다.

하나님을 앞에 모신다는 것은 하나님 앞에서 살아가는 것, 즉 '하나님 앞에서의 삶(코람데오Coram Deo)'을 사는 것을 뜻한다. 그럴 때 하나님은 우리의 오른편에 서 주시고 오른손으로 붙들어 주시는데, 하나님의 오른편Dexios은 '권능과 권세'의 자리이며 하나님의 오른손은 '능력의 손, 구원의 손, 보호의 손'이다. 믿음의 족장 요셉은 하나님을 그의 앞에 모시고 코람데오Coram Deo의 삶을 산 결과 하나님의 능력의 손에 의해 크게 높여졌다!

요셉이 애굽에 체류하던 당시, 애굽의 성 문화는 완전히 개방적이었다. 길을 지나가다가 목이 마르면 옹달샘에서 물 한 모금 마시고 지나가도 아무런 표가 없듯이, 남녀가 일순간 힐긋 눈만 맞으면 침실로 가도 별 흠이 안 될 정도의 사회였다. 요셉이 보디발의 아내와 남편 몰래 동침을 한 번 한다는 것은 당시 사회의 성 문화에 비추어 볼 때 그리 대수롭지 않은 일이었다. 하지만, 하나님을 앞에 모시고 하나님을 경외하며 사는 요셉은 그리하지 않았다. 결국 요셉의 오른편에 서신 하나님은 요셉을 크게 높이셔서 애굽의 총리로 세우실 뿐 아니라 구속救贖의 역사에서 큰 인물로 사용하셨다.

최후의 날, 긍휼이 없는 하나님의 맹렬한 심판은 하나님 앞에 섰던 자와 뒤편에 섰던 자 그리고 하나님 오른편에 섰던 자와 왼편에 섰던 자를 가려내어 그에 따른 보상과 심판을 베푸실 것이다!

7. 치료자이신 하나님

여호와께서 그를 병상에서 붙드시고 그가 누워 있을 때마다 그의 병을 고쳐 주시나이다(시 41:3)

너희가 너희 하나님 나 여호와의 말을 들어 순종하고 내가 보기에 의를 행하며 내 계명에 귀를 기울이며 내 모든 규례를 지키면 내가 애굽 사람에게 내린 모든 질병 중 하나라도 너희에게 내리지 아니하리니 나는 너희를 치료하는 여호와임이라(출 15:26)

내 영혼아 여호와를 송축하며 그의 모든 은택을 잊지 말지어다 그가 네 모든 죄악을 사하시며 네 모든 병을 고치시며(시 103:2–3)

그가 그의 말씀을 보내어 그들을 고치시고 위험한 지경에서 건지시는도다
(시 107:20)

나아만이 이에 내려가서 하나님의 사람의 말대로 요단강에 일곱 번 몸을 잠그니 그의 살이 어린아이의 살 같이 회복되어 깨끗하게 되었더라(왕하 5:14)

그는 실로 우리의 질고를 지고 우리의 슬픔을 당하였거늘 우리는 생각하기를 그는 징벌을 받아 하나님께 맞으며 고난을 당한다 하였노라 그가 찔림은 우리의 허물 때문이요 그가 상함은 우리의 죄악 때문이라 그가 징계를 받음으로 우리는 평화를 누리고 그가 채찍에 맞음으로 우리는 나음을 받았도다
(사 53:4–5)

저물매 사람들이 귀신들린 자를 많이 데리고 예수께 오거늘 예수께서 말씀으로 귀신들을 쫓아내시고 병든 자들을 다 고치시니(마 8:16–17)

살아 계신 주 하나님은 *여호와 라파*Jehovah-rapa, 치료하시는 하나님이시다. 치료의 근거는 예수 그리스도의 십자가 구속 사역이다.

병은 죄의 결과이기도 하지만, 모든 병이 죄의 결과는 아니다. "맹인으로 태어난 것이 부모의 죄 때문도 아니요 맹인으로 태어난 아들 자신의 죄 때문도 아니라 하나님의 하시는 일을 나타내기 위한 것이라."(요 9:3)는 예수님의 말씀에서도 그것은 확연히 드러난다.

죄의 결과로 생긴 병이든 아니든, 모든 병은 우리가 지은 죄와 함께 예수께서 십자가에서 모두 담당하셨다. 이사야를 통해 하신 말씀대로, 예수는 우리의 질고질병를 담당하셨다. 그러므로 질병의 증상과 그에 따르는 고통의 현상은 있을지라도 모든 질병 그 자체 혹은 질병의 본질은 이미 십자가에서 처리되었다. 그러므로 우리는 십자가를 믿어 구원을 얻는 것처럼, 말씀을 믿음으로 치료받을 수 있다. 병을 믿지 말고 십자가의 예수를 바라보고 말씀을 믿어야 한다!

물론 우리의 믿음이 하나님의 주권과 섭리를 능가할 수 없다. 즉 삶과 죽음을 포함한 모든 문제를 전능하신 하나님의 주권과 섭리에 맡겨야 한다. 때로는 경건한 신자도 사고를 당하고, 뜻하지 않는 병에 걸리기도 하고, 일찍 세상을 떠나기도 한다. 그렇다고 해서 하나님의 성품과 주권과 능력에는 하등 문제가 발생하지 않는다. 루터

Martin Luther가 종교개혁 당시 부른 찬송(새찬송 585장 "내 주는 강한 성이요")처럼, 우리의 생명과 재산을 비롯한 모든 것은 전능하신 하나님의 손안에 있다.

내가 아는 경기도 주안에서 목회하시는 N 목사님은 목회를 잘 하시다가 간암 말기가 되어 죽음의 문턱에 이르렀다. 복수가 차서 배가 서울 남산처럼 부어올랐고 고통은 이루 말할 수 없었다. 사모와 자녀들은 병상 옆에 서서 "여보, 죽지 말아요!", "아빠, 죽지 말아요. 아빠가 죽으면 우리는 어떻게 살아요!" 하고 울부짖었다.

병의 현상과 고통을 보면 죽을 것만 같고, 이사야서 53장 5절 말씀을 생각하면 간암은 예수께서 십자가에서 처리하신 병이므로 이미 나은 병이었다. 죽음의 공포와 말씀 사이를 여러 차례 왕래하면서 그는 말씀을 붙들었다. 얼마 안 되어 몸의 아랫부분으로 검붉은 피가 세 양동이 정도 쏟아져 내렸다. 그리고 3일간 잠에 푹 빠졌다. 3일 후에 깨어나서 보니 병은 온데간데없어졌고 고통도 싹 사라지고 없었다. 깨끗이 나은 것이다!

그 후 그의 사역에는 신유의 역사가 나타나 교회가 크게 부흥하게 되었다.

나의 경우, 만성 위장염으로 오랜 기간 고통의 나날을 보냈다. 가난한 신학생으로 밥을 굶다 보니 위장염이 생긴 것이었다. 새벽 기도회에 나가면 배가 너무 아파 새벽 기도를 제대로 드릴 수 없었고, 기숙사에 돌아와 밥을 먹으려 한 숟갈 떠서 넣으면 위가 뒤틀리고 아파서 수업도 제대로 받을 수 없었다. 미국 선교사 헤인스Mrs Heins 부인이 한국에 오면서 가지고 온 위장약을 다 먹어치워도 고통은 여전했다. 헤인스 부인이 학교에 위탁해 놓은 돈을 가지고 부천 H 병원에 가서 위를 촬영하고 치료하고 약을 먹어도 치료와 회복은 한 치도 진전되지 않았다. 얼굴은 시커멓게 타 들어가고 몰골은 해골처럼 변해가고 있었다. 젊어서 죽을 것만 같았다.

그러던 중 총장실 옆에 있는 기도실에 매일 오후 7시에 가서 1-2시간 기도하기 시작했다. 이사야서 53장 5절 말씀을 붙들고 찬양하며 부르짖다가는 십자가를 묵상하면서 감사하기도 했다. 그러다가 어느 날 내적 음성이 들렸다.

"병의 현상과 고통은 있어도 네 병은 이미 십자가에서 처리되었노라. 지금 성령께서 네 안에서 치유의 일을 하고 계신다."

어느 때인가 밥을 잘 먹다가 깜짝 놀랐다. 내가 밥을 정상적으로 잘 먹고 있는 것이 아닌가! 고통은 이미 사라지고 없었다. 그 이후 지금까지 나는 건강하게 지내며 목회하고 있다.

말씀으로 세계를 창조하시고, 말씀으로 우주 만물을 붙들고 계시며(히 1:3), 말씀으로 우리를 온전하게 하시고(딤후 3:17), 말씀으로 죄를 처리하는 일을 하시고(히 1:3), 말씀으로 우주 만물을 불태우시고 새롭게 하실(벧후 3:7) 살아 계신 주 하나님은 말씀을 보내어 우리를 치유하신다(시 107:20).

"병을 믿지 말고 말씀을 믿어야 한다!"

야고보는 병든 자는 교회의 장로들elder, 당시 목회자을 초청하고, 장로들은 그/그녀에게 기름을 붓고 그를 위해 기도하라고 권면한다. 여기서 기름 부음은 문자 그대로 한편으로는 기름 부음anointing을 의미하며 다른 한편으로는 의학적인 치료medical healing를 의미하기도 한다. 의학적인 치유는 하나님의 신유 은총의 한 면이다. 그러나 병에 걸렸을 때 하나님을 의지하여 기도하지 않고 무턱대고 병원과 의사를 찾는 태도는 지양되어야 한다. 궁극적으로 우리의 '생명 유지 자체가 하나님의 신유의 은총'이다. 이것이 중단되면, 우리 모두의 호흡은 중단되고 다시 흙으로 돌아간다.

미국 유학길에 오를 즈음, 내가 담당했던 북교구의 H 권사님과 큰딸이 사택을 찾아오셨다. 큰 따님은 장로교 목사님 사모셨는데 위암 초기 증상을 갖고 계셨다. 나를 끔찍이 사랑하시던 H 권사님은 생면부지의 딸과 함께 위로와 격려차 나를 찾아오셨는데, 나는 큰 따님에게 서울원자력병원에 가서 치료 받기를 권면했다. 그러나 그분은 "나는 믿음으로 고치겠습니다. 나는 하나님의 능력을 믿습니다."라고 강변(?)했다.

그런데 내가 유학길에 오른 다음 4개월 만에 돌아가셨다. 첫 학기 등록금에 보태어 쓰라고 하면서 적금을 해약하여 2백 만 원을 내게 준 막내딸은 유방암을 진단받았을 때 권면을 받아들여 즉시 서울 원자력병원을 찾아 진단과 수술을 받은 뒤 완쾌되어 평신도 선교사의 길을 걷고 있다. 물론 하나님은 병을 고칠 능력이 있는 분이지만, 자칫 의학적인 치료를 무시하고 소위 '믿음 치료'faith theraphy에 매달리는 것은 하나님을 시험하는 일이 될 수 있다. 물론 믿음을 제쳐놓고 의학적인 치료에만 매달리는 것도 위험하지만.

오래 전에 AFKN을 청취했을 때다. 한 의사가 인간의 심장을 칼로 두 동강 내니 뛰는 박동이 제각기였다. 네 동강 내어도 뛰는 박동에 시간차가 났다. 8동강 16동강 36동강 내어도 내어도 … 박동은 제각기였다. 심장 세포 하나하나가 제각기 박동하는데, 그 뛰는 시간이 일치할 때, 심장은 한 번 뛰면서 피를 내뿜는 것이다. 이건 기적에 가까운 일이다! 생명이 유지되는 것 자체가 하나님의 신유Divine healing 은총이다!

우리 모두의 생명은 하나님이 주시는 신유 은총의 보자기 안에 감추어져 있다!

8. 도움이신 하나님

내가 산을 향하여 눈을 들리라 나의 도움이 어디서 올까 나의 도움은 천지를 지으신 여호와에게서로다(시 121:1-2)

사무엘이 돌을 취하여 미스바와 센 사이에 세워 이르되 여호와께서 여기까지 우리를 도우셨다 하고 그 이름을 에벤에셀이라 하니라(삼상 7:12)

사무엘이 인도하는 미스바 대성회를 틈타서 블레셋은 군사적 공격을 감행했다. 블레셋의 입장에서는 절호의 찬스였다. 예배하러 모였으니 모인 자들을 몰살시킬 수 있는 기회가 언제 또다시 찾아오랴! 그러나 이런 상황에서도 사무엘은 집회를 중단하고 모인 회중을 속히 안전한 처소로 돌려보내지 않을 뿐 아니라 블레셋을 맞아 대항할 군사들을 모집하거나 정렬하지도 않고 오직 정성스런 예배를 계속했다. 그리고 하나님을 의지했다. 하나님은 우뢰를 발하여 블레셋 군사들을 어지럽히시고 쳐부수셔서 큰 승리를 얻게 하셨다(삼상 7:3-14). 사무엘은 돌을 취하여 미스바와 센 사이에 세우고 *에벤에셀*Ebenezer, "여호와께서 여기까지 우리를 도우셨다."이라 하였다.

우리의 도움עֵזֶר, ezēr이신 하나님은 항상 우리를 도울 채비를 하고 계신다. 그러므로 도움이 긴급할 때는 하나님 앞에 달려 나가 크게 부르짖어야 한다(렘 33:3). 긴급 호출 전화번호emergency call는 '333'이다! 도움을 구하러 하나님께 달려가지 않는 자(부르짖어 기도하지 않는 자)는 하나님의 도움 없이도 잘할 수 있다는 혹은 잘 살 수 있다는 자만심으로 가득 찬 사람이다.

역사 안에서 이뤄진 하나님의 도우심의 역사를 다 기록하려면 끝이 없다.

워싱턴에 가면 링컨이 애용하던 성경이 박물관에 보관되어 있다. 그런데, "내가 여호와께 간구하매 내게 응답하시고 내 모든 두려움에서 나를 건지셨도다."(시 34:4)라는 말씀이 기록된 부분이 유독 손에 눌려 있다. 링컨이 그의 어려웠던 인생과 남북전쟁을 승리로 이끌 수 있었던 것은 하나님의 도우심에 대한 확신 때문이었다.

나의 신학교 재학 시절, 어머니는 장사로 번 돈 3천 원을 나의 한 달 생활비로 매달 꼬박꼬박 보내 주셨다. 그것으로 헌금, 기숙사 생활비 그리고 책 몇 권을 구입할 수 있었다. 그런데 언젠가는 형편이 어려워서 석 달 동안 생활비를 보내시지 못했다. 나는 서울 서부 역사 뒤편 국수집, 그때는 짐을 날라다 주고 비용을 받는 지게꾼들이 모여 식사하는 곳인 이곳에 가서 10원짜리 한 끼 국수를 사 먹으면서 하루를 연명했다. 그것도 돈이 떨어지자 식사 시간이 되면 학생들의 눈을 피해 물로 허기진 배를 채웠다. 체육 시간에는 몸이 심히 허약해진 탓인지 하늘이 노랗게 눈앞에서 팽팽 돌았다.

도무지 버틸 수 없는 상황이 되자 나는 기도실에 가서 하나님께 부르짖었다.

"하나님, 도와주십시오, 더는 못 버티겠습니다!"

그런데 그 다음 날 아침, 어떤 영문인지(하나님의 역사였다!) 신학대학 사무처장의 호출이 있어서 사무실을 찾아갔다.

"식당 배식 시간에 아줌마들을 돕는 일을 하며 식사 시간이 끝나면 식당을 청소하는 일을 하겠느냐? 하게 되면 기숙사비와 식사는 공짜고 매월 3천 원을 근로 장학금으로 주겠다."

나는 속으로 "할렐루야!" 하면서 즉각 사무처장의 제안을 받아들였다. 그때부터 나는 "밥 퍼"가 되었다(학생들은 그렇게 불렀다). 긴급한 상황에서 부르짖으면 하나님께서 즉각 도움을 베푸신다.

미국 시카고 에반스톤Evanston에 있는 게렛신학대학교Garrett Evangelical Theological Seminary에서 유학 생활을 할 때였다. 최전방에서 군복무를 하던 분대장 시절, 나의 부하였던 이〇〇 상병이 전역 후 언제 미국 이민 길에 올랐는지 시카고성결교회 집사로 봉사하고 있었다. 큰 세탁소를 운영하며 돈을 벌어서 큰 집과 승용차를 갖고 있었다. 분대장 목사님이 유학 오셨다고 하면서 매달 60-80달러치의 식

료품grocery을 챙겨서 집 문 앞에 갖다 주셨다. 생활에 큰 도움이 되었다. 믿음만을 갖고 빈손으로 유학길에 오를 때 하나님께서 "내가 함께하고 도와주리라."는 내적 음성을 주신 대로 하나님은 도울 자를 예비하고 계셨다. 한 달 만에 시카고성결교회 파트타임part-time 교육목사(한 달 사례비 500달러!)로 섬기게 된 것도 하나님의 도움의 손길이었다. 정말 흔치 않은 일이었다. 게렛신학대학 총장과 면담을 했는데, 총장은 매 학기 장학금으로 등록금 2,500달러 가운데 2,100달러를 주셨다.

한 번은 돈이 필요하여 숲속 기도실에 가서 "주님, 800달러 필요합니다."라고 기도하고 새찬송가 406장 곤한 내 영혼 편히 쉴 곳, 특히 4절 "능치 못한 것 주께 없으니"라고 찬양 드리고 나오니 가슴이 후련했다. LA에서 800달러짜리 우편환money order이 날아왔는데, 송금한 사람의 이름은 없고 수신자에 내 이름 'Mr. KeeSeung Lee'만 주소와 함께 적혀 있었다. 한 과목 별도로 신청하여 수업을 받고 중고차 검사하는 데 그 돈을 잘 사용했다.

나는 하나님께 기도한 대로 800달러를 보내주신 분에게 복을 내려달라고 기도했다. 이후 한국에 돌아와서 알게 된 것은, 내가 섬기던 교회의 ○ 권사님이 친구들하고 미국으로 여행 왔다가 비행기에 탑승하기 전 공항의 면세점tax free section에서 여러 화장품과 상품들을 둘러보고 있는데 마음속에 자꾸만 "이기승 목사에게 돈을 보내라."는 소리가 반복적으로 들렸다고 한다. 그래서 500불도 아니고 1,000불도 아닌 기도한 800달러를 그렇게 보낸 것이었다. 할렐루야!

　서머스쿨summer school 때, 윈가일Dr Wingile 교수의 교회행정학 과목을 이수하는 데 400달러가 필요했다. 전과 마찬가지로 기도실에 가서 기도하고 찬양 드리고 나오니 가슴이 후련했다. 다음 날 새벽 3시까지 공부하고 막 잠이 든 새벽 4시경에 "따르릉~!" 하고 전화벨이 요란하게 울렸다. 틀림없이 긴급전화emergency call라 생각하고 얼른 받았다. 한국에서 걸려온 전화였는데, 내가 시무하던 중앙성결교회 김○○ 집사님의 전화였다. 그는 대뜸 "목사님, 고생 많으시지요? 제가 목사님 책 사 보시라고 400달러 송금했습니다."라고 하시는 것이 아닌가? 그것도 정확하게 기도한 400달러! 누구의 역사인가? 신실하신 하나님의 도움이 아니면 무엇인가?

　아무 연고 없이 유학을 끝마치고 처형 가족이 목회하고 있던 하와이를 경유하여 김포 공항에 도착하니 호주머니 안에 1,200달러가 남아 있었다. 땡전 한 푼 없이 믿음만을 가지고 빈손으로 유학길에 올랐었는데, 4년 공부를 잘 마치고 모국에 돌아와서 보니 호주머니까지 채워져 있었던 것이다! 누구의 도움인가? 수원 칠보산에서 20일 금식 기도할 때 보여 주신 환상과 들려주신 생생한 음성대로 은혜의 하나님은 한 치의 오차도 없이 나를 인도하고 도와주신 것이었다.

　이후 내가 잘 부르는 찬송 가운데 하나는 새찬송 383장이다.

눈을 들어 산을 보니 도움 어디서 오나

천지 지은 주 여호와 나를 도와 주시네

나의 발이 실족 않게 주가 깨어 지키며

택한 백성 항상 지켜 길이 보호하시네

도우시는 하나님이 네(내)게 그늘 되시니

낮의 해와 밤의 달이 너(나)를 상치 않겠네

네(내)게 화를 주지 않고 혼을 보호하시며

너(나)의 출입 지금부터 영영 인도하시리 아멘

사랑과 자비의 하나님은 오늘도 우리 모두를 도울 채비를 하고 계신다!

9. 방패이신 하나님

여호와는 나의 반석이시요 나의 요새시요 나를 건지시는 이시요 나의 하나님
이시요 내가 그 안에 피할 나의 바위시요 나의 방패시요 나의 구원의 뿔이시요
나의 산성이시로다(시 18:2)

하나님의 사람의 사환이 일찍이 일어나서 나가 보니 군사와 말과 병거가 성읍
을 에워쌌는지라 그의 사환이 엘리사에게 말하되 아아, 내 주여 우리가 어찌하
리이까 하니 대답하되 두려워하지 말라 우리와 함께한 자가 그들과 함께한 자
보다 많으니라 하고 기도하여 이르되 여호와여 원하건대 그의 눈을 열어서 보
게 하옵소서 하니 여호와께서 그 청년의 눈을 여시매 그가 보니 불말과 불병거
가 산에 가득하여 엘리사를 둘렀더라(왕하 6:15-17)

매튜 헨리Matthew Henry는 "하나님의 사랑은 끊을 수 없는 방어선,
하나님의 능력은 무너뜨릴 수 없는 방어벽이다."라고 말했다. 모든
방패를 뚫을 수 있는 창이 있을지라도[17] 우리 모두를 보호하시는 하나
님의 방패는 결코 뚫을 수 없다.

다윗과의 비교 의식에서 주눅 든depressed 사울[18]은 다윗을 잡아 죽

---

17 모순(矛盾)이라는 말이 여기에서 비롯된 것을 우리는 잘 안다.
18 사울의 병리적 인격 장애는 다음과 같이 다섯 가지다. 1. 수동 공격성 인격 장애(passive
    aggressive personality disorder) 2. 편집성 인격 장애(paranoid personality disorder) 3.
    반사회적 인격 장애(anti-social personality disorder), 4. 강박증(obssesive compulsive
    disorder), 5. 편집증(paranoid)

이려고 집요하게 추적했다. 그러나 하나님은 반복되는 위기 속에서 다윗의 방패가 되어 주셔서 그의 생명을 보존하여 주셨다.

아람 대군이 북조 이스라엘을 치고자 사마리아성을 포위했다. 사면초가 진퇴유곡進退維谷이었다. 엘리사의 종은 공포에 질려 사시나무 떨듯이 떨며 불안에 휩싸였다. 그러나 믿음의 사람 엘리야의 눈에는 하나님의 불말과 불병거들이 둘러싸여 있는 놀라운 모습이 보였다. 믿음이 없는 사람 눈에는 두려운 현실만 보일 뿐이다!

2차 대전 시 프랑스의 한 늙은 부인은 주변 모든 사람이 다 피난 가고 없는 위험 지대에 살고 있었다. 종군 기자가 그녀에게 물었다.

"어떻게 이 무서운 밤에 잠들 수가 있습니까?"

부인은, "성경에 너를 지키시는 자가 졸지도 자지도 않는다고 말씀했는데 무슨 염려가 있겠습니까?"라고 대답했다.

알렉산더가 바위 위에 거하던 소그디아나Sogdiana 사람들을 포위 공격할 때, 그들은 알렉산더를 조롱하면서 그의 군대가 날개를 가졌느냐고 물었다.

"당신의 군대가 공중으로 날 수 없는 한 우리는 두려워하지 않는다."

하나님을 신뢰하는 자의 대적이 하나님보다 더 높이 오를 수 있는 날개를 갖지 않는 한 해칠 수 없다. 하나님보다 더 높이 날아오를 수 없지만, 날아오른다고 하자. 그래도 하나님의 보호막인 하나님의 방패를 뚫을 수 없다.

　나폴레옹의 군대가 러시아를 침공할 때의 이야기다. 나폴레옹의 군대가 통과하는 지역에 한 과부가 어린 두 아들과 함께 살고 있었다. 그들은 나폴레옹 군대가 그 지역을 통과할 때 횡포를 부릴까 봐 걱정이 태산 같았다. 엄마는 두 아들과 손을 꼭 잡고 "하나님, 저희를 위해 저희 집에 성벽을 쌓아 주세요."라고 간절히 기도했다. 기도한 후 작은 아들이 형에게 물었다.
　"형, 성벽이 뭐야?"
　"나도 몰라."
　아이들은 궁금해 하며 잠이 들었다.
　이튿날 아침 동생이 소리쳤다.
　"형, 하나님이 성벽을 쌓아 놓으셨어!"
　하나님께서는 밤새도록 눈보라를 몰아치게 하셔서 그곳에 집이 있는 것조차 모르도록 눈 성벽을 쌓아 방패를 만드신 다음 과부의 가족들을 나폴레옹 군대로부터 보호해 주셨던 것이다.

　나의 경우, 하나님의 은혜로 섬기는 교회가 점점 부흥되어 온 성도가 즐거운 신앙생활을 하고 있었다. 교회가 성장하니 교회 예산도 부족함이 없이 넘쳤다. 사택은 낡은 옛 기와집이라서 겨울이면 몹시

추웠다. 쥐들이 한 바탕 야단을 치더니 쫓겨 간 듯, 이제는 천장 속에 기어든 고양이들이 패싸움을 하느라 소란을 피우면 아내는 무서워 잠을 설쳤다. 사택을 짓자고 제안해도 반대할 당회원들이나 성도들은 없었을 것이다. 그러나 사택보다는 선교가 중요하므로 지 교회를 세우기로 결의했다.

건축 설계도를 만들고 공사를 진행하는 가운데 진입로 사용 문제가 발생하여 공사가 지체되는 중에 건축위원장인 선임 장로가 건축비를 유용하는 사태가 발생했다. 건축위원장과 내가 짜고서 헌금을 유용했다는 모함으로 몇 사람이 배임 혐의로 나를 고발했기에 경찰서에 불려갔다. 그 가운데 한 사람인 P 장로는 감사라서 쥐 잡듯이 감사하여 검사필 도장을 모든 통장과 장부에 찍은 사람이다.

나는 조사를 다 받고 무혐의로 풀려났다. 그러나 P 장로의 아들은 기발한 서류를 만들어 나를 검찰에 고발했다. 이유는 경찰 수사가 미흡하다는 것이었다. 그의 아들은 어느 날 밤 10시에 나의 목양실을 찾아와 무릎을 꿇고 "우리 아버지를 용서해 주세요! 나의 아버지는 하늘에 계신 하나님이시고 목사님은 저의 멘토이십니다." 하고 대신 사죄했다. 내가 그에게 개인적으로 위기에서 도와 준 이유만은 아니었을 것이다.

나는 하나님께 방패가 되어 달라고 간절히 기도했다. 해당 검사는 모든 것을 수사한 후에 무혐의 판단을 내렸다. 이들은 내가 입은 성의聖衣를 벗기겠다고 호언장담하면서 집요하게 공격했다. 성의를 벗기는 것은 감옥에 집어넣어 목회를 못하게 하겠다는 의미다.

나는 교회 재정에서 단 1원도 유용한 적은 없지만, 터무니없는 공격에 노출되니 그 고통은 이루 말할 수 없었다. 재정 사건으로 교단의 다섯 대교회의 청빙도 끝에 가서 무산되었다. 이 사건을 교모하게 이용하는 자들이 있었고, 한 편으로는 목회는 제대로 하지 않고 미국 딸들에게만 뻔질나게 돌아다니고 번역만 하고 앉았다고 나를 모함하는 자들이 있었기 때문이었다. 신학대학교와 교단에서는 나를 떠오르는 별이라 평가했지만 말이다. 이와 같은 위기의 상황에 하나님은 나의 방패가 되어 주셨고, 주동자인 P 장로는 이후 나를 불러 정중히 회개한 후[19] 병으로 고통받다가 병상에서 숨을 거두었다.

하나님의 방패는 결코 뚫리지 않는다!

---

19 도의적인 책임을 지고 섬기던 교회를 떠난 지 몇 년 후, P 장로는 자신이 살고 있는 지방으로 내려와 달라고 전화로 부탁했다. 내려가니 "내가 목사님을 괴롭혔으니 어떻게 하나님 앞에 서겠습니까? 용서해 주십시오."라고 했고, 나는 "이미 다 용서했습니다." 하고 위로해 드렸다.

10. 고난을 극복하게 하시고
    단련시키시는 하나님

내가 주의 인자하심을 기뻐하며 즐거워할 것은 주께서 나의 고난을 보시고 환난 중에 있는 내 영혼을 아셨으며(시 31:7)

하나님이여 주께서 우리를 시험하시되 우리를 단련하시기를 은을 단련함 같이 하셨으며 우리를 끌어 그물에 걸리게 하시며 어려운 짐을 우리 허리에 매어 두셨으며 사람들이 우리 머리를 타고 가게 하셨나이다 우리가 불과 물을 통과하였더니 우리를 끌어내사 풍부한 곳에 들이셨나이다(시 66:10-12)

그가 한 사람을 앞서 보내셨음이여 요셉이 종으로 팔렸도다 그의 발은 차꼬를 차고 그의 몸은 쇠사슬에 매였으니 곧 여호와의 말씀이 응할 때까지라 그의 말씀이 그를 단련하였도다(시 105:17-19)

힌두교는 현생은 전생의 결과이므로 고난은 불가피하다고 한다(카르마). 불교는 고난은 욕망의 결과이며 욕망에서 도피하는 길은 8정도(올바른 믿음, 결심, 언사, 행동, 생활, 노력, 생각, 묵상)를 실천하는 것이라고 한다. 즉 *니르바나*열반, 涅槃는 욕망의 종식이다. 고난은 알라신의 냉혹한 의지 때문이니 알라신에게 순종하는 길밖에 없다고 회교는 가르친다. 이슬람은 "순종"을 의미한다. 그러니 역사의 수레바퀴에 맹목적으로 순종하는 것이 최선이다. 그러나 성경은 고난은 하나님의 선물로서 정화淨化와 영적 성숙과 축복에 이르는 길이라고 말씀한다.

하나님은 우리가 겪는 고난 너머에서 고난을 방관하는 하나님이 아니라, 우리의 고난을 '보시고', '아시며', 고난에 '참여'하시는 인격적인 하나님이시다. 그리고 고난 후에는 풍부한 곳[20]으로 인도하시는 은혜와 축복의 하나님이시다. 로마서는 고난을 우리를 소중히 다루시는 하나님의 손길로 묘사한다.

그러므로 우리가 믿음으로 의롭다 하심을 받았으니 우리 주 예수 그리스도로 말미암아 화평을 누리자. 또한 그로 말미암아 우리가 믿음으로 서 있는 이 은혜에 들어감을 얻었으며 하나님의 영광을 바라고 즐거워하느니라. 다만 이뿐 아니라 우리가 환난 중에도 즐거워하나니 이는 환난은 인내를 인내는 연단을 연단은 소망을 이루는 줄 앎이로다. 소망이 우리를 부끄럽게 하지 아니함은 우리에게 주신 성령으로 말미암아 하나님의 사랑이 우리에게 부은바 됨이니 _ 롬 5:1-5

고난환난인 트리불룸tribulum은 연단인 카락터character를 만들어 낸다. 트리불룸은 로마 시대의 탈곡기로 곡식의 알맹이와 껍질을 분리하는 기계였다. 하나님은 우리의 인격에 붙은 불순물을 제거하시려고 우리를 고난의 탈곡기 속에 집어넣으신다. 연단인 카락터는 조각가들이 사용하는 조각도彫刻刀다. 조각가가 걸작품으로 만들기 위해

---

20 이삭은 에섹, 싯나 샘들을 빼앗기는 고난을 겪었지만, 하나님은 그를 르호봇(넓은 곳[wide room] 혹은 넓은 장소[wide place])으로 인도하셨다(창 26:12-22).

나무나 대리석 같은 것들을 깎아낼 때 얼마나 아프겠는가? 그러나 얼마 있지 않아 조각가가 꿈꾸는 걸작품masterpiece이 모습을 드러낸다. 천상의 조각가이신 하나님은 고난을 통해 우리 인격의 불순물을 깎아내시고 성숙한 그리스도인의 인격christian character을 만들어 내신다. 그런 면에서 '고난은 하나님 사랑의 손길'이다. 그리고 중요한 것은, 우리가 고통당할 때 그 이전보다 하나님은 우리를 더 사랑하신다는 점이다. 고통 안에 있는 우리에게 사랑을 "부어 주신다"(롬 5:5). 보나르의 말처럼, "고통의 세월은 우리를 하나님께로 더 가까이 데려가서 그분의 사랑을 더 깊이 느끼게 될 기회를 제공한다."[21] 그러므로 인생의 격변이 닥칠 때 우리가 귀 기울여 들어야 할 것은 위대한 예술가이신 하나님의 음성이다.[22]

사랑의 하나님은 우리를 제련하셔서 정금으로 만드시려고 용광로 속에 집어넣으신다. 이것은 금을 제련하는 과정과 같다. 광부들은 먼저 채광 금을 일곱 번 제련하여 얻은 98%의 금 *크루소스*Crusov''를 다시 섭씨 2천 도 이상의 불로 제련하여 99.3%의 금 *크루시온* Crusivon(chrusion)을 만든다.[23] 이 크루시온을 다시 3천 도 이상의 불에서 제련하여 100%의 순금 *카다로스*Katharos를 만든다. 이와 같이 하나

---

21 호레이셔스 보나르, 『하나님의 자녀가 고통당할 때』 윤여성 역(서울: 말씀보존학회, 2001), p.5.
22 켄 가이어, 『고통의 은혜』 오현미 역(서울: 규장, 2002), p.53.
23 베드로전서 1:7. "너희 믿음의 확실함은 불로 연단하여도 없어질 금보다 더욱 귀하여"

님은 카다로스로 성소의 촛대를 제작하도록 하셨다. 만일 촛대가 없으면 캄캄한 성소 안에서 제사장들은 하나님을 섬기는 그 어떤 일도 할 수 없었다. 마태복음 5장 10절에서 말씀하는 하나님을 볼 수 있는 자의 청결한 마음이 바로 이 카다로스다.

마이어F. B. Meyer는 이렇게 말한다.

> 하나님이 당신을 보석 세공인의 연마기에 넣고서 당신 안에 있는 자신의 형상을 다듬으신다는 사실은 당신이 하나의 금강석임을 입증한다.[24]

그러니 고난은 얼마나 유용한 것인가?

고난의 유용성에 대해 카프만 부인은 『광야의 샘』에서 감동적인 체험담을 전해 준다.

> 누에고치 속에서 누에나방이 나올 때의 구멍은 바늘구멍처럼 좁다. 그 좁은 구멍으로 큰 몸집의 나방이 나올 수 있으리라고는 도저히 믿을 수 없는 일이다. (중략) 누에나방은 매우 오랜 시간을 몸부림치며 사력을 다해 그 좁은 구멍을 빠져나왔다. 나는 세상을 날기 위해 그토록 고생하는 나방이 가엾다는 생각이 들어 가위를 들고 누에고치의 구멍을 크게 내 주었다. 크게 구멍을 내 준 고치에서 나

---

24 F. B. Meyer, 『고난은 선물이다』 황수철 역(서울: 생명의 말씀사, 1995), p.69.

온 누에나방은 고생도 없이 쉽게 구멍을 빠져나와 아름다운 날개를 퍼덕였다. 이전에 좁은 구멍을 빠져나오느라고 날개를 찢긴 나방들보다 훨씬 평화스러워 보였다. 그런 나방을 보니 가위로 크게 구멍을 내 준 것이 아주 잘한 일이라 여겨졌다. 그러나 얼마 되지 않아 그 일이 얼마나 어리석은 일인가 후회하게 되었다. 작은 구멍으로 나온 나방은 한 마리씩 날개를 치며 공중으로 날아오르기 시작했다. 그러나 내가 가위로 크게 구멍을 내주어 쉽게 고치를 벗어난 나방들은 날개를 힘없이 푸득거리다 날아오르지 못하고 비실비실 쓰러지고 마는 것이었다. 그 순간 편한 것이 삶에 아무런 도움이 되지 않는다는 것을 발견했다.[25]

고통의 터널을 통과한 나방들만이 높은 하늘로 비상한 것이다. 레슬리Robert C. Leslie는 "올바르게 이해한다면 고통은 기쁨보다 더 많이 생에 도움을 주는 것이다."라고 말한다.[26]

그런 경우는 많다. 며칠 간 풍랑이 계속되어 고기잡이배들이 출항하지 못했다. 한 어부는 출항할 바다를 바라보며 말했다.

"한 번씩 파도가 바다를 휘저어 놓아야 고기 떼가 몰려온답니다."

반평생을 폐결핵으로 산 『양 치는 언덕ひつじが丘』의 저자 미우라 아야코는 61세의 환갑을 맞았다. 그녀는 잡지사 기자들과의 인터뷰에서 말했다.

---

25 카프만, 『광야의 샘』 변계준 역(서울: 보이스사, 1969), p. 201.
26 로버트 C. 레슬리, 『예수와 의미 요법』 도병일 역(서울: 혜선문화사, 1976), p. 113.

문학은 고난의 나무에서 자랍니다. 인격도 신앙도 고난에서 성숙합니다.

맹자는 "고자장구하"告子章句下 11장에서 말했다.

하늘이 장차 큰일을 사람에게 내리려 할 때는, 먼저 그로 하여금 마음을 괴롭히고, 뼈를 고달프게 하고, 그 몸을 굶주리게 하고, 그 삶을 궁핍하게 하고, 그가 하는 일을 어지럽게 하여, 그로 하여금 마음을 움직이며 참을성을 길러 능하지 못한 바를 채우고 보태도록 한 후에 사용한다.

어느 신자가 고난에 처하여 목사님에게 "왜 하나님이 고난을 주시느냐?"라고 질문했다. 목사님은 그에게 약방에 게서 약을 사 오라고 주문했다. 약을 사 온 신자에게 목사님은 "약병에 뭐라고 씌어 있습니까?" 하고 물었다. 신자는 "'흔들어 복용하세요.'라고 씌어 있습니다." 그렇다! 흔들어 복용해야 약효가 있는 것처럼, 하나님은 가끔 우리를 흔드시므로 우리 인생을 더욱 사용하신다.

에드윈 마크햄Charles Edwin Anson Markham의 글이다.

커다란 참나무가 바람을 견뎌내면
가지는 새로운 아름다움을 들이마시고
줄기는 바람 쪽으로 더 깊이 뿌리를 내린다.

터지는 슬픔을 아는 영혼만이 터지는 환희를 알 수 있다.

슬픔은 마음에 기쁨의 자리를 넓혀 주기 위해 찾아오는 것이다.

하나님은 꿈의 사람, 큰 비전의 사람, 하나님을 앞에 모시고 코람데오Coram Deo의 삶을 사는 믿음의 사람 요셉을 들어 사용하실 때, 꿈을 꾼 다음 바로 사용하지 않으셨다. 땅을 판 구덩이, 노예의 구덩이, 감옥의 구덩이에 집어넣으셔서 연단을 받게 한 후 애굽의 총리가 되게 하셔서 가족과 민족을 구원하는 큰 인물로 사용하셨다.[27] 그 과정은 하나님이 말씀을 보내셔서 그를 훈련시키는 과정이었다(시 105:17-19). 그런 면에서 '고난은 하나님의 선물'이다.

---

27 이는 마치 연금술사(Alchemist)가 광물을 금으로 변환시키는 과정과 같다고 할 수 있다.

11. 보호를 위해
날개 아래 감추어 주시는 하나님

나를 눈동자 같이 지키시고 주의 날개 그늘 아래에 감추사(시 17:8)

하나님이여 주의 인자하심이 어찌 그리 보배로우신지요 사람들이 주의 날개 그늘 아래에 피하나이다(시 36:7)

내가 영원히 주의 장막에 머물며 내가 주의 날개 아래로 피하리이다(시 61:4)

여호와께서 네가 행한 일에 보답하시기를 원하며 이스라엘의 하나님 여호와께서 그의 날개 아래에 보호를 받으러 온 네게 온전한 상 주시기를 원하노라 (룻 2:12)

루터가 의기소침할 때, 새 한 마리가 머리를 날개 밑에 넣고 잠을 자는 모습을 보았다.

"음, 이 작은 새는 저녁을 먹고 이제 잠을 청하는군! '내일 먹이는 무엇일까? 또 내일은 어디서 지낼까?' 따위의 아무런 고민 없이 만족한 잠을 자는군! 옛날 다윗왕이 그랬던 것처럼, 이 새는 전능하신 하나님의 그늘 아래 살고 있는지도 몰라. 이 참새는 작은 가지에 앉아 있음으로써 하나님의 보호를 구하고 있는 거야!"라고 확신했다.

전능하신 하나님의 그늘은 그분의 보호의 날개 아래 그늘이다. 그늘은 내리 쬐며 작열하는 태양열로부터 우리를 보호해 준다. 만일 그늘이 없다면, 우리는 어떻게 살 수 있을까? 그늘 아래의 쉼 없는 삶은 고달파 지치고 쓰러질 수밖에 없다. 그러므로 우리 삶에 그늘이 있다는 것, 즉 하나님의 보호의 날개가 있다는 것은 보통 은혜가 아니다.

맥더프MacDuff는 말했다.

> 산이 큰 소나무나 백향목을 자라게 함과 아울러 심히 작은 풀잎과 꽃을 자라게 하는 것처럼, 바다가 큰 배를 지탱함과 아울러 파도를 타고 앉은 작은 새도 안전하게 지탱하는 것처럼, 이스라엘의 보호자는 천사장의 노래와 스랍들의 기도를 듣는 것과 아울러 가장 작은 양을 그의 가슴에 안을 수 있으며 가장 슬퍼하는 심령을 부드럽게 인도하고 보호할 수 있다.[28]

하나님의 날개 밑 품은 따뜻하다. 모든 영혼이 안전함을 얻고, 깨어나고, 힘을 얻고, 희망을 찾는 복된 장소다. 그래서 하나님은 마치 닭이 병아리를 품듯이 우리를 품어 주신다.

내가 고향 마을 수성초등학교에 다닐 때, 우리 집 앞에 조그만 양계장이 있었다. 어느 날 아침 양계장을 찾아갔는데, 어찌된 영문인지

---

28 맥더프, 『양의 목자』 김준혁 역(서울: 베다니, 1968), pp.120-21.2

문이 조금 열려 있었다. 조금 열린 문틈으로 개 한 마리가 뛰어들어 노란 병아리들을 쫓는 것이 아닌가! 순간 어미닭이 쏜살같이 달려와 병아리들을 그의 날개 아래 감추고서는 눈을 부라리고 개를 쏘아보았다. 또 한 마리의 닭이 쫓아오더니, 날개를 퍼덕이며 위로 솟아올라 부리로 개를 공격했다. 순간 개는 멈칫하더니 철장 밖으로 도망치듯 쏜살같이 나가버리고 말았다.

이방 여인 룻은 시어머니가 믿는 하나님을 받아들이고 시어머니를 떠나지 않고 따라오는 믿음의 여인이었지만, 보아스는 룻을 '이스라엘의 하나님 여호와의 날개 아래에 보호를 받으러 온' 것으로 해석한다. 룻의 선택과 결단은 그녀를 하나님 보호의 날개 아래 두는 탁월한 선택과 결단이었다. 그 누가 그녀를 하나님의 날개 아래서 빼낼 수 있겠는가?

날개를 지닌 짐승의 그 날개는 세월이 가면 낡고 힘이 빠지지만, 우리를 보호하시는 하나님의 날개는 결코 힘이 쇠하지 않는다!

12. 기도할 때 가까이하시고
부르짖는 기도를 들으시는 하나님

여호와께서는 자기에게 간구하는 모든 자 곧 진실하게 간구하는 모든 자에게 가까이하시는도다(시 145:18)

우리 하나님 여호와께서 우리가 그에게 기도할 때마다 우리에게 가까이하심과 같이 그 신이 가까이함을 얻은 큰 나라가 어디 있느냐(신 4:7)

영국 작가 웰스H. G. wells**가 쓴『대주교의 죽음』이란 제목의 글이다.**

대주교가 기도 시간이 되어서 성전에 들어가 기도했다.

"오, 하나님! 전능하시고 자비로우신 하나님 …" 하고 기도하기 시작했을 때,

"오냐? 무엇을 고하려느냐?" 하고 하늘에서 소리가 들렸다.

깜짝 놀란 주교는 "하나님, 정말 기도를 듣고 계셨군요!" 하면서 그 자리에서

심장 마비로 쓰러져 죽고 말았다.

기도는 영혼의 호흡이라는 말을 들어보지 못한 그리스도인은 없을 것이다. 육신의 생명 유지에 산소가 필수 요소이듯이 기도는 영혼의 생명을 위해 필수적이다. 산소가 우리의 선택 사항이 아니듯 기도 역시 선택 사항이 될 수 없다.

반드시 기도의 호흡을 해야 살 수 있다.

그러고 보면 몸은 살아 있어도 영혼은 이미 죽은 사람들이 얼마나 많을까? 만일 그리스도인들의 삶에 기도가 사라졌다면, 예배하러 예배당에 모였지만 예배당은 영적으로 죽은 송장으로 가득 찬 것이 아닐까?[29] 압바 아가톤Abba Agathon은 "기도는 '마지막 숨을 쉴 때까지의 전쟁'이다."라고 말했다. 우리는 하나님께 낯선 사람이 되어서는 결코 안 된다!

기도는 하나님 사랑의 표지다. 우리는 사랑하는 사람과 대화를 하고 싶어 하고, 한두 번의 대화로 만족하지 못한다. 대화를 나누어도 또 대화하고 싶고, 어떤 경우는 밤을 새워 대화를 나눈다. 마찬가지로 하나님을 경외하고 사랑하는 그리스도인은 '사랑의 하나님과 대화'하기 위해 매 순간 하나님 앞에 나아간다. 놀라운 것은 우리가 기도로 하나님께 나아갈 때, 하나님도 우리와 교제하기 위해 우리에게 가까이 오신다는 것이다(시 145:8).

기도는 하나님 사랑의 표지일 뿐 아니라 자기 사랑[30]의 표지이기도 하다. 존 녹스John Knox는 "네가 네 영혼을 사랑하거든 기도를 사랑하라."고 말했다.

---

29 하나님이 받으시는 신령과 진정한 예배는 평소의 삶, 특히 기도하는 삶과 연관이 있다(롬 12:1-2).
30 자기 사랑은 죄가 아니다. 먼저 하나님을 사랑하고 자신을 사랑하고 이웃을 사랑하는 것은 하나님의 뜻이다. 마태복음 22:37-40 참조.

기도는 영혼의 호흡이며 하나님 사랑의 길일 뿐 아니라 하늘나라에 이르는 길[31]이다. 천국 가는 순례의 여정에서 빼놓을 수 없는 무기武器는 기도다. 그만큼 그 길에는 대적과 방해물이 많다는 뜻이다. 그래서 요한 웨슬레는 "하나님 나라는 무릎으로 간다."라고 말했다.

그러면 우리는 언제, 어느 때에 어떻게 기도해야 할까? 항상無時(無時)로 성령 안에서(엡 6:18) 쉬지 말고(살전 5:17) 정신을 차리고(벧전 4:7) 힘써(롬 12:12) 기도를 계속하되 감사함으로 해야 한다(골 4:2).

왜 감사해야 하는가? 믿고 구한 것은 받은 줄 믿기 때문(요일 5:14-15)이다. 테니슨은 "기도의 폭풍으로 천국 문을 흔들라."고 말했다. 특히 부르짖는 기도[32]를 하나님은 들어주신다고 약속하셨다(렘 33:3).

하나님은 24시간 우리의 기도를 들어주시지만, 특히 새벽(혹은 이른 아침) 기도에 특별한 관심을 기울이신다.

"여호와여, 아침에 주께서 나의 소리를 들으시리니 아침에 내가

---

31 코먼(Cowman)은 "하나님의 보좌에 이르기 위해 영혼에 두 날개, 즉 기도와 찬양의 날개가 필요하다."라고 말했다.

32 시편 3:4, 5:2-3, 6:9, 18:6, 22:5, 22:24, 27:7, 28:1-2, 30:8, 31:22, 32:6, 34:6, 34:13, 34:1`7, 40:1, 50:15, 55:17, 57:2, 61:1,2,8, 66:17, 69:3, 77:12, 81:7, 86:5, 86:7, 88:1-2, 88:13, 91:5, 102:1-2, 107:19-20, 28, 116:1-2, 118:5, 119:46-48, 169-170, 120:1, 130:1-2, 140:6, 141:1, 142:5-6, 145:18-19. 여호수아는 아모리 사람을 격퇴시킬 때 기도로 태양과 달을 멈추게 했지만(수 10:12-13) 소경 바디매오는 부르짖는 예수 기도(Jesus prayer: "주여, 불쌍히 여기소서!")로 창조주의 발길을 멈추게 했다(막 10:46-52).

주께 기도하고 바라리이다."

혹자는 "기도하는 새벽을 모르면 기독교의 능력을 모른다. 첫 시간은 하나님의 시간이다."라고 말했다. 예수님도 새벽, 아직도 밝기 전에 한적한 곳에 나가셔서 기도하셨다(막 1:35).

하나님의 구속사Heislgeshehite에서 위대한 일들은 새벽에 일어났다. 출애굽한 이스라엘을 위해 홍해를 갈라지게 하신 일(출 14장), 여호수아의 군대가 요단강을 건넌 일(수 3장), 난공불락의 철옹성 여리고를 무너뜨리신 일(수 6장) 모두 새벽에 일어났다.

기도에 관해 한 가지 덧붙일 것은, 자칫하면 하나님이 기도의 청취자가 되시는 것이 아니라 우리 자신이 기도의 청취자가 될 수 있는 위험이 있다. 성 안토니St. Antony는 "사람이 자신을 의식하고 자신의 기도를 이해한다면 그것은 완전한 기도가 아니다."라고 말했다. 길모퉁이에서 남보란 듯이 길게 기도하는 바리새인은 남들뿐만 아니라 자신이 자신의 기도의 청취자가 된 경우다. 그래서 예수님은 골방에 들어가서 은밀히 계시는 하나님께 은밀히 기도하라고 가르치신 것이다(마 6:6). 필립 그레이엄 라이켄Philip Graham Ryken은 말한다.

은밀한 기도에 따르는 상은 곧 하나님 앞에서 누릴 복, 곧 기도 그 자체다. 기도는 단순히 그리스도인의 삶을 유지시켜 주는 한 요소가 아니라 가장 꾸밈없는 진수로 정제된 그리스도인의 삶 그 자체다. 살아 계신 하나님과 은밀한 곳에서 교제하는 것보다 더 큰 기쁨을 이 세상에서나 다음 세상에서 찾아볼 수 있겠는가?[33]

골방에 들어가서 기도한다고 해도 듣는 기도가 아닌 혼자만 떠드는 기도는 기도가 아니다. 하나님께서 말씀하실 시간을 드려야 한다. 기도는 독백monologue이 아니라 대화dialogue이기 때문이다. 캘빈 밀러 Calvin Miller는, "끊임없이 혼자서 중얼거리는 기도는 당사자에게는 거대한 입만 키우고, 하나님께는 작은 귀만 만들어드린다."라고 말했다. 실로 기도의 비결은 우리의 말씀씨에 있는 것이 아니라 우리가 기도를 드리는 대상이신 하나님을 더 온전히 알아가는 것이다.[34]

시카고 에번스턴Evanston에 있는 게렛신학교Garrett-Evangelical Theological Seminary에 재학 중일 때, 나는 수업도 수업이려니와 채플 Chapel을 소중히 여겼다. 한 주에 두 번 드리는 채플 전마다 반드시 교수와 학생들로 구성된 예배 위원들(차례대로 하는데, 나도 한 번 그중의 한 사람이었다.)이 모여 리허설을 하고 예배를 드리는데(상징symbols, 배너banner가 풍부히 사용되었고 공간, 청각, 미각 등 모든 것이 적용되는 은혜로운 채플이었다.) 설교자인 교수는 합동 기도 혹은 대화 기도 시간에 학

---

33 행크 해네그래프, 『예수님의 기도』 마영례 역(서울: 두란노, 2001), p.31. David Van Biema, "A Prayer with Wings", *Times*, April 23, 2001. 76 재인용.

34 Ibid., p.45.

생들 쪽을 바라보는 강대상에 서서 기도드리지 않고 강대상 중앙의 십자가를 바라보고 무릎 꿇고 기도했다. 상징적이긴 하지만, 채플에 참여한 교수들이나 학생들이 들으라고 하는 기도가 되지 않기 위함이었을 것이다.

현재 한국 교회에서는 대표 기도자가 회중을 바라보고 기도하는데, 자칫하면 기도를 들으실 하나님보다 회중을 의식하면서 기도할 공산이 크다. 미사여구의 기도문을 만들어 기도하는 것도 자칫하면 회중을 의식하여 만들 공산이 크고, 회중에게 자신을 과시하려는 유혹을 받기 쉽다. 그러므로 기도 대표자가 강대산 중앙의 십자가를 바라보며 무릎 꿇고 드리는 기도가 권장될 필요가 있다. 이와 관련하여, 회중도 한 번은 무릎을 꿇는 일이 필요하다. (그렇게 하려면 앞의 의자 뒤편에 무릎을 꿇을 수 있는 장치가 필요하다.)

우리는 기도할 때 인내심을 가져야 한다. 기도 응답에 관한 한, 하나님의 타임 테이블time table과 우리의 그것과는 차이가 있다. 앞에서도 언급했지만, 믿음의 기도는 반드시 응답 받는다. 기도에 있어서 인내가 필요함을 우리는 '코스타리카의 우화'에서 볼 수 있다.

총각 비둘기 한 마리가 실연을 당해서 우울하게 앉아 있을 때 참새 한 마리가 찾아 와 질문했다.

"얘, 눈송이 하나의 무게가 얼마나 되는지 아니?"

비둘기는 무뚝뚝하게 대답했다.

"그런 걸 내가 어떻게 알아? 어쨌든 아주 별 거 아닐 거야."

그러나 참새는 자기 경험을 이야기했다.

"너는 눈 한 송이의 무게가 별 거 아니라고 말하는데, 내 이야기를 들어 봐. 내가 어느 날 나뭇가지에 앉아 노래를 부르고 있는데 눈이 오기 시작했어. 꿈나라에서 보듯이 아주 조용히 내려와 작은 가지 끝머리에까지 사뿐사뿐 내려앉는데 신기해서 세어 보기 시작했어. 정확하게 374만 1,952송이가 내려앉을 때까지는 아무 일도 없었는데, 다음 한 송이가 내려앉아 가지가 부러졌어."

그 말을 들은 총각 비둘기는 깊이 생각했다. 그리고 이렇게 중얼거렸다.

"노아 대홍수 때 우리 조상이 감람나무 잎사귀 한 개를 물어다 주었더니 노아가 큰 희망을 갖게 되었다는 이야기가 바로 그거군. 무에 가까운 눈송이 한 개의 무게! 지극히 보잘 것 없는 감람나무 잎 하나의 가치! 그렇지 나도 다시 한번 해 보자."

그래서 열한 번 거절당했던 처녀 비둘기에게 용기 있게 청혼했다. 뜻밖에도 그 청혼은 받아들여졌다.

기도와 핸드폰을 비교한 어느 한 사람의 이야기다.

핸드폰은 잘해 봐야 한 달 200분 통화료가 무료지만, 기도는 한번 가입하면 평생 통화료가 무료다. 핸드폰은 거리나 장소에 따라 통화가 안 될 수 있지만, 기도는 어디서나 통화가 가능하다. 핸드폰은 비행기나 공공장소에서 통화가 제한되지만, 기도는 때와 장소를 가리지 않고 허용된다. 핸드폰은 한 사람만 사용할 수 있지만, 기도는 한 번에 많은 사람이 통화할 수도 있다. 핸드폰의 통화 내역이 통신회사에 남지만, 기도의 사용 내역은 하늘나라 금향로에 담겨 보관된다. 핸드폰의 침묵은 쓸 데 없는 오해를 불러일으킬 수 있지만, 기도할 때의 침묵은 주께서 다 알아 접수해 주신다. 핸드폰의 업그레이드는 사람의 시선을 끌지만, 기도의 업그레이드는 하나님의 마음을 사로잡는다. 핸드폰은 받는 사람이 부재일 때 통화가 불가능하지만, 기도는 하나님께서 항상 기다리다가 즉시 받아 주신다.

예수 그리스도 안에서 우리를 향한 하나님의 뜻 가운데 한 가지는 "쉬지 않는 기도"(살전 5:17)다. 기도를 쉬는 일은 사탄의 손에 우리 자신을 맡기는 행위나 다름없다!

13. 길을 지도하시고
마음의 소원을 이루어 주시는 하나님

여호와를 의뢰하고 선을 행하라 땅에 머무는 동안 그의 성실을 먹을거리로 삼을지어다 또 여호와를 기뻐하라 그가 네 마음의 소원을 이루어 주시리로다 네 길을 여호와께 맡기라 그를 의지하면 그가 이루어 주시고 네 의를 빛 같이 나타내시며 네 공의를 정오의 빛 같이 하시리로다(시 37:3-6)

여호와께서 낮에는 구름을 펴사 덮개를 삼으시고 밤에는 불로 밝히셨으며 (시 105:39)

요한 타울러Johannes Tauler는 "하나님께 이르는 길은 자신의 무가치성이라는 길을 지나가야 다다를 수 있다."라고 말했다. 우리 그리스도인은 궁극적으로 하나님께 이르는 목적을 갖고 삶의 행로를 걷는다. 그 행로가 빛의 행로가 되고 안 되고는 하나님에 대한 우리의 자세에 달려 있다. 구약성경을 기초로 말하면 인생행로에서 하나님을 기뻐하고 의지하는 것이 길을 걷는 자의 자세요, 신약성경을 기초로 말하면 길이요 진리이신 예수님과 동행하는 것이 길을 걷는 자의 자세다.

하나님을 기뻐하는 것은 하나님을 삶의 자원으로 삼는 것make Yahweh our resource in life이자 하나님 안에서 기쁨을 찾는 것find our joy in

Yahweh이다. 그러면 하나님은 우리를 빛의 길로 인도하신다. 그리고 예수님과 동행하면 친히 길이 되어 주신다. 존스Johnes라는 선교사가 아프리카에서 선교 활동을 하던 중에 길을 잃고 헤매다가 원주민을 만났다. 그는 "길을 찾아 달라."고 부탁했다. 한 시간 가량 뒤따르다가 기진했다.

"도대체 어디 가는 길이요? 길이 어디 있습니까?" 하고 불평하듯이 말을 내뱉었다. 원주민은 "이곳에는 길이 없습니다. 내가 곧 길입니다. 믿고 따라 오시오."라고 말했다.

예수님과 동행하면 길을 잃을 염려가 없다.

노자는, "곁길에는 일시적 즐거움이 있으나 반드시 막혀 있다."라고 말했다.

미국 대통령 클리블랜드는 부랑 소년들과 방랑 생활을 했다. 그는 친구와 함께 술집을 향하고 있었다. 가는 길에 어느 교회에서 예배 시간을 알리는 종소리를 들었고, 예배당 정문에 있는 "죄의 값은 사망이요 하나님의 은사는 예수 그리스도 안에 있는 영생이니라."는 말씀을 보았다. 클리블랜드는 예배에 참여했고, 그의 친구는 그냥 그대로 술집으로 향했다. 그날 설교는 "하나님이 쓰는 사람"이었는데, 하나님은 그 뜻대로 사는 사람을 쓰신다는 말씀이었다. 그는 믿음을 받아들였고 하나님의 뜻대로 살려고 최선을 다했다. 세월이 흘러 클리블랜드는 미국 대통령이 되어 대법원장 앞에서 성경에 손을 얹고 서약을 하게 되었다. 그런데 그때 그 친구는 사형수가 되어 감옥에서 친구의 대통령 취임식을 보았다.

이집트군의 1연대가 누비아Nubia 지방을 정복하기 위하여 사막을 행군하고 있었다. 군인들은 오랜 전투와 사막 행군으로 탈진한 상태였다. 그런데 그들의 눈앞에 파란 호수가 보였다. 장병들은 있는 힘을 다하여 그곳으로 달려가려고 했다. 그때 한 병사가, "그것은 호수가 아니라 신기루입니다. 그곳으로 가면 우리는 죽습니다. 반대 방향으로 이동해야만 살 수 있습니다."라고 외쳤다. 그러나 병사들은 그의 말을 비웃으며 신기루를 향해 허겁지겁 달려갔다. 결국 그들은 한 사람의 생존자도 없이 다 해골로 발견되었다.

신학대학교를 졸업하고 교단에 소속된 E 교회에서 부목사로 사역하던 나는 미래의 진로 문제를 놓고 수원에 있는 칠보산 금식기도원에 들어갔다. 교회 개척, 선교사, 미국 유학(많은 사람이 내게 가르치는 은사가 있다고 말하면서 유학을 마치고 돌아와 후배들을 가르치라고 권면했다.) 등 모든 가능성을 열어 놓고 오로지 하나님의 뜻대로 어느 길이든 정해 주시면 그대로 순종하겠다는 믿음의 결단을 하면서 20일 금식기도를 했다. 낮에는 산상 기도, 밤에는 교회당 기도를 하던 8일째 밤, 하나님은 미국 신학대학교와 사무처 그리고 몇 분 교수와 학생들의 모습을 생생히 보여 주셨고, 9일 째 새벽 4시, 새벽 기도를 가기 위해 준비 기도를 하던 중 생생한 음성으로 "Southern Methodist Seminary!"라고 말씀하셨다. 알지도 못하고 들어본 적이 없는 이름이라 옆 노트에 필기하고 금식 기도를 마치고 하산한 뒤 서울 충정로에 위치한 감리교신학대학교를 찾았다. 사무원은 내가 부탁한 학교명단directory을 가져와 보여 주었는데, SMU로 찾으니 그 학교는 텍사스주 댈러스에 있는 대학의 신학부였다.

그때의 경제적 사정으로는 도무지 유학을 갈 엄두조차 못 낼 형편이었으나 몇 해가 지나서 말씀을 의지하여 믿음으로 유학길에 올랐다. 그러자 하나님께서는 필요한 모든 것을 예비해 주셨다. 어느 해인가 송구영신 예배를 인도하면서 "나의 갈 길 다가도록"이라는 찬송을 힘껏 부르는데, 위에서 빛이 비추이면서 "*야훼 이레*, 내가 준비하리라."는 내적 음성이 들렸다.

4년 공부하고 돌아오는 동안 학비는 장학금으로, 생활비는 국내외의 이런저런 은혜의 손길로 부족함 없이 채워주실 뿐 아니라 넘치게 해 주셨다. (물론 아내는 공부하는 남편을 돕느라 고생이 많았다.) 많은 목회자가 고국에 돌아오지 못하고 있을 때, 믿음으로 귀국하니 한 달 만에 은혜로운 교회로 목회지를 열어 주셨다!

그 후 몇 년 있으면 은퇴할 지금까지 살아 계신 은혜의 하나님은 내 길을 지도하고 계신다. 은사를 주신 대로 신학대학교 그리고 대학원에서 후학들을 가르치며 짬짬이 글을 쓰고 번역하면서 목회에 열중하고 있다.

길을 인도하시는 하나님의 계획에는 한 치의 오차도 없다!

14. 죄와 허물을 용서해 주시는 하나님

> 내가 이르기를 내 허물을 여호와께 자복하리라 하고 주께 내 죄를 아뢰고 내 죄악을 숨기지 아니하였더니 곧 주께서 내 죄악을 사하셨나이다(시 32:5)

> 여호와는 마음이 상한 자를 가까이하시고 충심으로 통회하는 자를 구원하시는 도다(시 34:18)

> 하나님께서 구하시는 제사는 상한 심령이라 하나님이여 상하고 통회하는 마음을 주께서 멸시하지 아니하시리이다(시 51:17)

거룩하신 하나님은 죄를 미워하시고 죄는 반드시 심판하신다. 죄는 하나님에 대한 불순종일 뿐 아니라 궁극적으로 거룩하신 하나님에 대한 항거이자 도전이다. 왜냐하면 아담과 하와처럼 인간의 한계를 넘어 신의 영역을 침범하는 행위이기 때문이다.

루터Luther는 "실로 죄는 손쉽게 이루어질지 모르나, 그 죄는 영혼에게 항상 찌르는 칼로서 양심을 두드린다."라고 말했다. 죄를 짓고서 양심이 편한 사람은 아무도 없다. 양심은 하나님께서 인간 내면에 장착해 두신 것이기 때문이다.

또한 죄를 짓는 사람들은 형통하지 못하다(잠 28:13). 죄罪는 넉 사四에 아닐 비非, 즉 동서남북으로 모두 길이 막힌다는 뜻이다. 죄는 우리 앞길을 막을 뿐 아니라 최종적으로 우리를 파멸의 길로 인도한다. 많은 사람은 그것을 모르거나 인정하지 않을 따름이다.

6세기 그레고리 대제Great Gregory는 일곱 가지 대죄cardinal sins를 말했다. 자만(혹은 거만), 탐욕, 정욕 즉 지나치거나 부정적인 성적 욕망, 질투, 과식, 분노, 게으름. 비단 죄는 이것들뿐일까? "하나님이 없다."(시 14:1, 53:1; 롬 2:18)라는 불경건한 죄의 뿌리, 나오는 모든 불의, 곧 우상숭배, 동성애를 위시한 성적 도착, 불의, 추악, 참욕, 악의, 살인, 분쟁, 사기, 악독, 수군거림, 비방, 능욕함, 교만, 자랑, 부모 거역, 우매, 배역, 무정, 무자비 등(롬 12:18-32)[35] 이루 헤아릴 수 없다. 또한 성경은 하나님을 기쁘시게 하지 않는 마음의 생각과 입술의 말, 하나님의 법을 깨뜨리는 행위와 선일 줄 알면서도 행치 않는 나태와 게으름도 빠뜨린 죄 혹은 하지 않는 죄Sin of omission로 규정한다(약 4:17). 한마디로 인간은 죄 중에 출생하여 죄를 지으면서 살다가 죄 가운데 생을 마친다.

죄는 당대에만 악영향을 미치는 것이 아니라, 자손대대에 영향을 미친다. 죄의 부패성depravity의 유전이랄까?

---

35   모든 불의는 하나님이 없다는 불경건의 결과 혹은 열매다.

미국의 맥스 쥬크Max Juke라는 사람의 20년간의 후대를 조사한 통계 결과는 참혹했다. 그는 술을 잘 마시고, 놀음을 잘하고, 싸움 잘하는 한량으로 부랑자 생활을 하다가 놀음 잘하고 술 잘 먹는 여자를 만나 눈이 맞아 결혼하여 자손 8대를 합하여 2,077명을 낳았다.

그중에 거지가 317명, 전과자가 130명, 살인자가 7명, 상습 절도범이 60명, 제 명대로 못 살고 일찍 죽은 요절한 사람이 300명, 지능이 부족한 백치가 400명, 성병 환자가 440명, 행려병자 310명, 불륜을 맺은 자가 50명이었고. 딱 20명만 정당한 직업을 소유하고 있었다. 그 가운데 10명은 수감 생활하는 동안 배운 기술을 갖고 취업했다. 미국 정부는 그 가족을 위해 250만 불을 소비했다.

그러나 하나님은 '죄는 미워하시되 인간은 사랑'하신다. 그러므로 그분은 죄를 회개하여 버리고 그분께로 돌아서는 자를 긍휼히 여기시고 지은 죄를 사해 주신다(눅 15:7, 11-32). 그렇다고 쉬운 믿음처럼 단순하고 쉬운 회개를 염두에 두어서는 안 된다.

캘빈 밀러Calvin Miller는 다음과 같이 말한다.

죄의 심각성을 확신하기 위해서는 먼저 죄의 고통을 느껴야 한다. 천국에 들어가기 위해서는 인간의 존엄스런 선함을 여지없이 무너뜨리는 회개의 고통의 문을 통과해야 한다. 그럴 때 그 고통을 이끌어내는 성령이 우리의 삶에서 하나님

의 아들의 형상을 만들기 시작한다.[36]

저자와 출간 연도는 잘 기억하지 못하지만, 전방에서 분대장으로 사역할 때에 읽은 책『인간의 조건』이 생각난다.

어느 목사의 딸이 부모의 만류를 무시하고 견실하지 못한(겉으로는 그렇게 보이지만) 한 청년과 결혼을 강행한다. 알고 보니 그 청년은 불성실할 뿐 아니라 방탕한 청년이었다. 홀로된 딸은 지난 과거를 후회하면서 속죄하는 마음으로 매일 밤 부모님이 살고 계시는 관저 앞을 서성거리다 용기를 내어 들어가지 못하고 다시 돌아온다. 창문을 통해 보이는 아버지는 소파에 앉아 성경을 읽고 계셨고, 어머니는 샤워를 하고 나와서는 소파에 앉아 두 손을 모으고 기도 드렸다.

어느 날 용기를 내어 대문 앞에 서니 늦은 밤 대문은 열려 있었다. 문을 열고 들어서니 목사인 아버지와 어머니는 눈물로 딸을 반갑게 맞아주셨다. "왜 대문을 열어 두셨어요?" 하고 물으니, "언젠가는 네가 돌아올 줄 알고 문을 열어두었다."라고 말씀하셨다.

누가복음 15장 11-32절의 '기다리는 아버지'와 같은 맥락이다.

그 당시 아버지를 모욕하는 것은 그 동네에 대한 모욕으로 간주했

---

36   캘빈 밀러,『하나님이 기뻐하는 삶』김창대 역(서울: 브니엘, 2005), p.51.
     Oswald Chambers, *My Utmost for His Higest*(Uhrichsville, Ohio: Barbour & Co., Inc, 1963), 12.7 재인용.

다. 설령 탕자가 돌아온다 해도 동네 어른들이 탕자를 받아들이지 않으면 아버지도 어쩔 수 없었다. 매일같이 문을 열어 놓고 집을 나간 아들을 기다리던 아버지는 상거지 꼴로 돌아오는 아들을 맞으려고 달려간다. 그 당시 하체를 드러내는 일은 명예에 치명타를 안기는 수치스런 일이었다. 그것을 아랑곳하지 않는 아버지는 통옷을 무릎 위까지 걷어 치켜 올린 다음 양손으로 붙잡고(하체가 다 드러났다!) 아들을 향해 정신없이 달려간다. 만일 조금이라도 늦으면 동네에서 추방될 수 있기 때문이었다. 그만큼 아버지는 죄를 짓고 돌아오는 아들을 사랑했다. 아들이 돌아올 때 아버지는 아들의 모든 죄와 허물을 이미 용서했다.

성경은, 회개하고 돌아오는 아들에 대한 아버지가 기다리는 아버지waiting father, 주시하는 아버지looking father, 달려가는 아버지running father, 포옹하는 아버지hugging father, 입맞춤하는 아버지kissing father, 용서하는 아버지forgiving father, 잔치를 베푸는 아버지parting father, 주는 아버지giving father, 춤추는 아버지dancing father이심을 우리에게 보여 준다.[37]

하나님은 오늘도 우리 모두를 위해 문을 열고 기다리신다.

37 　누가복음 15:1-32 참조.

'하나님의 사죄 은총의 깊이는 죄의 깊이보다 더 깊다.' 하나님의 긍휼은 하늘보다 높고 바다보다 깊다. 하나님의 긍휼 레헴rehem은 '하나님의 자궁'Womb of God이란 뜻이다. 이곳에서 나오는 사랑을 끊을 수 있는 것이란 존재하지 않는다(롬 8:38-39). 이 말의 영역英譯은 컴패션 Compassion인데, 이는 라틴어 com(함께)과 pati(아파하다)의 합성어다. 하나님은 '우리와 함께 아파하시는 하나님', 즉 우리의 '고난에 동참하시는 하나님'이라는 뜻이다. 그래서 하나님은 어미가 자식을 그 품에 안듯이 우리를 안으시고(49:15) 죄 용서하기를 즐거워하신다(시 86:5).

만일 우리가 우리 죄를 자백하면 …(요일 1:9)

이뿐만 아니다. 영원하신 대제사장 예수님은 하나님 우편에서 우리를 위해 쉬지 않고 중보intercessional prayer하신다(히 7:25).[38] 그러므로 어떤 중죄라도 믿음을 갖고 예수님을 통하여 하나님 앞으로 나아가면, 하나님은 그 아들의 피를 보시고 우리가 지은 모든 죄를 용서해 주신다.

자기의 죄를 숨기는 자는 형통하지 못하나 죄를 자복하고 버리는 자는 불쌍히 여김을 받으리라 _ 잠 28:13

---

38 이 은혜를 보전의 은혜(the grace of perservation)라고 한다. 믿음으로 받는 은혜인 칭의의 은혜(the grace of justification)와 더불어 이 은혜는 우리 구원의 완성을 위해 소중하다. 보전의 은혜와 관련하여 존 번연, 『예수님의 뜨거운 기도』 이기승 역(서울: 씨뿌리는사람), 2006.을 참조하라.

만일 우리가 우리 죄를 자백하면 그는 미쁘시고 의로우사 우리 죄를 사하
시며 우리를 모든 불의에서 깨끗하게 하실 것이요 _ 요일 1:9

15. 자녀를 낳게 하시는 하나님

또 임신하지 못하던 여자를 집에 살게 하사 자녀들을 즐겁게 하는 어머니가 되게 하시는도다(시 113:9)

결혼한 부부들 대부분은 자녀를 두기 원한다. 그러나 요즘은 난임難姙이 많아 걱정하고 고민하는 신혼부부가 적지 않다. 그러나 구하면 하나님이 주시고 태의 문을 여신다.

내가 원주에서 목회하고 있을 때, 타 지역에서 젊은 집사 부부가 원주에 이사 온 후 우리 교회에 등록했다. 그런데 결혼한 지 15년이 지났지만, 자녀를 두지 못했다. 나는 그 부부에게 이 약속의 말씀을 붙잡고 기도하라고 부탁한 후 나도 믿음의 기도를 쉬지 않고 올렸다. 몇 달이 지났을까? 그들은 떡두꺼비 같은 아들을 낳았다. 얼마 있다가 그들은 또 다른 아들을 낳았다. 그 후 믿음 생활을 잘 하다가 직장 발령을 받아 경기도 여주로 이사하여 잘 살고 있다.

서울 E 교회에 부임하여 목회하던 중, 어느 주일 아침에 예배 인도를 위해 강대상에 올라가서 준비 기도를 하고 있는데, 마음속에서 '환자나 문제 해결을 원하는 사람들을 초청하여 안수하라.'는 내적 음성이 들렸다(모으고 기도하던 손에서는 미세한 금 조각처럼 금빛이 났다). 나는 순종하여 설교를 마치고 환자나 문제 해결을 원하는 사람들은 강대상 앞으로 나오라고 초청했다. 7명이 강대상 앞으로 나왔는데, 그 중에는 C 장로님 아들과 며느리가 있었다. 젊은 집사 내외는 결혼한 지 5년이 지났지만, 아직 태의 문이 닫혀 있었다. 나는 믿음으로 안수하며 기도했다.

며칠 후 임신했다는 소식이 들려왔다. 하나님께서 귀엽고 총명한 아들을 주셨는데, 그 후부터 그들의 삶은 감사 일색이었다. 극구 말렸지만 C 장로님은 감사 표시로 양복 한 벌을 해 주셨다. 지금 그들은 아들 둘을 낳아 믿음으로 잘 키우면서 하나님께 극진히 충성하고 있는데, 하나님은 물질 축복도 어마어마하게 내리고 계신다. 해외에 교회를 세우기 위해 적금을 하고 있는데, 거의 다 모아졌다고 한다.

있는 것도 폐하시고 없는 것도 있게 하시는 하나님께서 어찌 약속하신 바를 실행하지 않으시겠는가?

하나님은 사람이 아니시니 거짓말을 하지 않으시고 인생이 아니시니 후회가 없으시도다 어찌 그 말씀하신 바를 행하지 않으시며 하신 말씀을 실행하지 않으시랴 _ 민 23:19

나는 이 부분에서 나의 개인적인 경험을 토로하는 것이지 아직도 난임으로 힘든 시간을 보내는 분들을 더 힘들게 하려는 의도에서 토로하는 것은 아니다.

기독교 신앙은 어떤 경우에도 우리가 하나님을 섬기는 것이지 하나님이 우리를 섬기는 것은 아니다. 모든 주권은 살아 계신 하나님께 있다. 그 주권에 순응하며 어떤 형편 가운데서도 하나님을 의지하고 신뢰하는 믿음이 중요하다.

16. 야훼 미 카모카

> 무릇 구름 위에서 능히 여호와와 비교할 자 누구며 신들 중에서 여호와와 같은 자 누구이리까(시 89:6)
>
> 여호와 만군의 하나님이여 주와 같이 능력 있는 이가 누구리이까(시 89:8)
>
> 여호와 우리 하나님과 같은 이가 누구리요 높은 곳에 앉으셨으나 스스로 낮추사 천지를 살피시고(시 113:5-6)

출애굽Exodus이라는 큰 구원의 은혜를 체험한 이스라엘 백성은 '야훼 미 카모카'Yahweh mi kamokah, 여호와와 같은 자 누구이리까?의 찬송과 고백을 통해 세상의 모든 신을 상대화相對化하고 유일하신 하나님을 절대화하고 높여드렸다. 만신전萬神殿,phanteon의 모든 신은 인간이 만든 거짓 신, 모조품에 불과하다. 그것들은 우상으로 섬김을 받지만, 우상은 아무것도 아닌redundant 헤벨, 공허한 것이다.

> 우상을 만드는 자는 다 허망하도다 그들이 원하는 것들은 무익한 것이거늘 그것들의 증인들은 보지도 못하며 알지도 못하니 그러므로 수치를 당하리라 _ 사 44:9
>
> 우상을 만드는 자는 부끄러움을 당하며 욕을 받아 다 함께 수욕 중에 들어

갈 것이로되 _ 사 45:16

사람마다 어리석고 무식하도다 은장이마다 자기의 조각한 신상으로 말미
암아 수치를 당하나니 이는 그가 부어 만든 우상은 거짓 것이요 그 속에 생
기가 없음이라 그것들은 헛것이요 망령되이 만든 것인즉 징벌할 때에 멸
망할 것이나 _ 렘 10:14-15

심리학적으로, 우상은 인간 내면의 잠재 능력potential ability을 외부
로 투사projection한 것이다. 어떤 형상을 만들어 놓고 그것에다 자신들
의 능력을 투사해 놓고 마음이 원하는 소원을 빌고 있으니 얼마나 어
리석은 행위인가? 결국은 자신을 우상화한 것이나 하등 다름없다. 다
르게 표현하면, 우상은 자신의 이익을 개인적으로 형상화한 초상화
다.[39]

바울은 오늘 우리에게 권고한다.

그들 가운데 어떤 사람들과 같이 너희는 우상 숭배하는 자가 되지 말라
_ 고전 10:7

---

39   캘빈 밀러, p.108.

너희도 정녕 이것을 알거니와 음행하는 자나 더러운 자나 탐하는 자 곧 우
상 숭배자는 다 그리스도와 하나님의 나라에서 기업을 얻지 못하리니
_ 엡 5:5

그러므로 땅에 있는 지체를 죽이라 곧 음란과 부정과 사욕과 정욕과 탐심
이니 탐심은 우상 숭배니라 _ 골 3:5

그러나 두려워하는 자들과 믿지 아니하는 자들과 흉악한 자들과 살인자들
과 음행하는 자들과 점술가들과 우상 숭배자들과 거짓말하는 모든 자들은
불과 유황으로 타는 못에 던져지리니 이것이 둘째 사망이라 _ 계 21:8

질투의 하나님Yahweh Zana 여호와께서 가장 혐오하는 것이 바로 우
상 숭배다(출 20:3-5). 어떤 형상을 만들어 세워 놓고 절하는 것만이
우상숭배가 아니다. 마음속에 품은 탐심(돈, 권력, 명예, 하나님보다 더
사랑하는 것 등)도 우상숭배라고 바울은 말한다. 로마서 2장 18절 이하
에서 바울은 불경건의 열매로 나타나는 불의 가운데 제일 먼저 나타
나는 것은 우상 숭배라고 말하는데, 여기에는 다른 사람도 포함되지
만 '자기'Self도 포함된다. 정당한 '자기 존중감'(Self-esteem: 예를 들어,
'나는 예수 그리스도 안에서 하나님의 사랑을 받는 가치 있는 존재다.')은 필
요하지만, 과도한 자기 사랑excessive self-love, 즉 하나님보다 자기나 가
족이나 다른 무엇을 더 사랑한다면(가족은 마땅히 사랑받아야 할 존재다.)

이는 우상 숭배다.

지금은 내 마음 안에 있는 우상들을 찾아 버려야 할 때다!

17. 속히 도우소서!

여호와여 멀리하지 마옵소서 나의 힘이시여 속히 나를 도우소서(시 22;19)

속히 나를 도우소서 주 나의 구원이시여(시 38:22)

내가 부르짖는 날에 속히 내게 응답하소서(시 102:2 하반절)

동방교회 영성가인 카시안Casian(365-435)은 시편 기자가 한 이 기도를 자주 드리라고 권장했다. "주여, 속히 오셔서 도우소서!"Lord, make a haste to help me. 여호와 에제르Yahweh Ezēr이신 하나님은 언제나 우리를 도우시는 분이시지만(시 121), 그만큼 하나님의 도우심이 시급한 삶의 상황에서 드린 기도다.

이와 더불어 우리는 '예수 기도'Jesus prayer, 즉 "주여, 죄인인 우리를 불쌍히 여기소서!"Lord, have mercy on us, the sinner를 자주 드릴 필요가 있다. 이 기도는 러시아의 한 영성가가 드린 기도로서 오늘날 전 세계에 확산되고 있는 기도다. 그는 "쉬지 않는 기도"(살전 5:17)를 이 기도라고 해석하는데, 이는 단순한 주문呪文이 아니라, 주기도문과 더불어 우리가 드릴 수 있는 최상의 기도다.[40] 러시아의 영성가는 자면서도 이 기도를 드렸다고 한다.

주님께서 우리를 불쌍히 혹은 긍휼히 여겨주시면 'that's It'끝이다!

나는 이 기도를 집에 있을 때나, 길을 갈 때나, 운전할 때나 틈만 있으면 드린다. 물론 새벽 기도를 위시하여 정해 놓은 시간에 규칙적인 기도 생활을 하지만, 얼마나 은혜로운지 말로 다 표현할 수 없다. 강의를 받고 훈련을 받는 학생들 가운데서도 많은 이가 나와 같은 고백을 한다.

어느 날 새벽 기도를 다 마친 후, 성도들은 집을 향해 다 가고 나 홀로 남아서 묵상하며 예수 기도를 드리는데, 성령 하나님께서 내 곁에 오셔서 포근하게 안아 주시면서 그 기도에 곡조를 붙여 주셔서 나는 지금도 잘 부르고(곡조 있는 기도가 되었다.), 학교에서는 학생들에게도 가르쳐 부르게 하고 있다.

---

40 맹인의 기도: 마태복음 20:31, 마가복음 10:47; 세리의 기도: 누가복음 18:13 참조.

주여, 우리를 불쌍히 여기소서!

(Mise rere, Jesus Christe)

Mi — se — re — re mi — se — re — re
주 — 여 우 리 를 불 — 쌍 하 — 게

Mi — se — re — re Je-su Chri— s— te
불 쌍 하 게 여기 소 — 서

Mi — se — re — re mi — se — re — re
우 — 리 들 — 을 불 쌍 하 — 게

Mi— se — re — re Jesu Chris— te
불 쌍 하 — 게 여기 소 서

2장

찬양을 받으실
거룩하신
주 하나님

거룩한 하나님의 보좌에서 케루빔Cherubim과 세라빔Seraphim 천사들을 위시한 모든 천군천사는 찬양으로 주 하나님을 섬기고 있다.

> 웃시야 왕이 죽던 해에 내가 본즉 주께서 높이 들린 보좌에 앉으셨는데 그의 옷자락은 성전에 가득하였고 스랍들(Seraphim)이 모시고 섰는데 각기 여섯 날개가 있어 그 둘로는 자기의 얼굴을 가리었고 그 둘로는 자기의 발을 가리었고 그 둘로는 날며 서로 불러 이르되 거룩하다 거룩하다 거룩하다 만군의 여호와여 그의 영광이 온 땅에 충만하도다 하더라 _ 사 6:1-3

하나님이 우리를 지으신 목적도 하나님을 찬양하기 위해서다(사 43:21). 하늘 천군들이 쉬지 않고 찬양하듯이, 우리 역시 찬송으로 가득 찬 삶을 사는 것(시 71:8)이 하나님의 뜻이다. 그렇다면 기뻐도 찬송하고, 슬퍼도 찬송하고, 좋은 일에도 찬양하고, 궂은일에도 찬양하고, 건강할 때나 병약할 때나 항상 찬송하는 것이 하나님을 영화롭게 해 드리는 일일 것이다. 하라사키 모모코는 질병으로 인한 극심한 고통 속에서도 하나님을 찬양했다. 그녀는 『내 눈물이여 내 노래가 돼라』는 책에서 그 질병과 고통을 주신 하나님께 찬양의 고백을 드렸다. 그녀의 생명은 마치 양초 양끝에서 타 들어가는 촛불과 같았다.

내 눈물이여, 내 노래가 돼라

나의 고통이여, 내 노래가 돼라

나의 신열이여, 내 노래가 돼라

나의 신음이여, 내 노래가 돼라

나의 마지막 호흡이여, 내 노래가 돼라 … [1]

찬양의 실재는 조건과 상황을 초월하여 어느 때 어느 곳에서나 있어야 한다. 우리가 거하는 처소, 직장, 학교 그리고 우리가 다니는 골목과 대로大路 모든 곳이 우리의 찬송을 기억하게 만들어야 한다.

6·25 때의 일이다.

북녘에서 교회에 열심이셨던 권사님은 남편의 반대와 구박에도 열

---

1   하라사키 모모코, 『내 눈물이여 내 노래가 돼라』 고계영 역(서울: 컨콜디아사, 1980), p.76.

심히 교회에 다녔다. 권사님은 집에서 일할 때에도, 밥을 지을 때에도, 밭에서 일할 때에도 좋아하시는 찬송 "내 주를 가까이하게 함은 십자가 짐 같은 고생이나, 내 일생 소원은 늘 찬송하면서 주께 더 나가기 원합니다"(새찬송가 338장)를 열심히 부르셨다. 남편은 찬송을 부를 때 "이년, 무엇이 그리 즐거워!" 하면서 때리고 발로 차고 학대했다. 그런 중에도 권사님은 그치지 않고 계속 찬송을 부르셨다.

전쟁이 발발하고 권사님 남편은 징집되었다가 전투 중에 미군에게 포로로 잡혔다. 미군은 전쟁 포로들을 한 곳에 모아놓고 혹시 그중에 그리스도인이 있는지 알고 싶어 했다(미군의 표정과 손짓이 그렇게 보였다고 한다.). 남편은 자신이 그리스도인임을 증명하기라도 하듯 기도하는 모습의 두 손을 모으면서 찬송을 부르기 시작했다.

"내 주를 가까이하게 함은 십자가 짐 같은 고생이나 …"

늘 듣던 찬송이니 여기까지 가사는 외워졌는데, 그 다음 가사는 기억나지 않고 곡은 기억에 남아 있으니, "그 담에 모르나 살고는 싶구나. 하나님 아버지 살려 주세요!" 하고 찬송을 끝냈다.

미군들은 다른 포로들은 다 총으로 쏘아 죽이고 권사님 남편은 살려 주었다.

1·4 후퇴 때, 아내를 북에 두고 남으로 내려온 남편은 이후 목사가 되어 충성되게 사역했다. 이따금 철조망을 붙들고 "여보! 잘 있소? 당신이 나를 살려 주었소!" 하고 아내를 그리며 통곡한다고 한다.

앞에서 언급했지만, 우리의 삶 속에서 찬양의 부재는 하나님에 관한 올바른 관점이 없다는 뜻이다. 내가 경험하기에 쉬지 않는 찬양은 성령 충만의 열매다!

1. 찬양 속에 임재하시는 하나님

이스라엘의 찬송 중에 계시는 주여 주는 거룩하시니이다(시 22:3)

앞 장에서 이미 간략하게 다루었지만, 찬양의 주제는 너무 중요하기에 여기서 다시 한번 다루기로 한다.

피조물은 '찬양을 통해 하나님과 인격적인 관계'를 맺을 수 있다.[2] 하나님과 인격적인 관계를 맺기 위해서는 찬양의 날개가 필요한데, 찬송의 날개가 없는 그리스도인의 삶은 한쪽 날개가 없는 새와 같다. 그런 새가 하늘을 제대로 날 수 없는 것처럼, 찬송이 부재한 그리스도인들이 하나님 은총의 창공을 비상하는 일은 없을 것이다. 하나님은 우리를 사랑하시기 때문에 당신의 은총의 창공에서 우리의 마음과 정성이 담긴 찬양을 듣기 원하신다.[3]

---

2   최혁, 『나의 찬송을 부르라』 (서울: 규장, 1994), p.17.
3   이경희, 『그리스도인이 찬양해야 하는 이유 101가지』 (서울:드림북, 2005), p.18.

우리의 삶에는 기쁨도 근심과 걱정거리도 찾아온다.

그러나 근심할 삶의 상황 가운데서도 하나님을 찬송하는 자에게 하나님은 찬송의 옷을 입혀 주시고(사 61:3) 근심과 걱정을 물리쳐 주시지만, 하나님을 바라지 않고 걱정과 근심에만 짓눌려 있는 자에게는 찬송의 옷을 입혀 주시지 않는다. 그리고 우리를 괴롭히는 환경을 변화시켜 줄 것을 요구하는 대신 범사에 하나님을 찬양할 때 능력을 주시고[4] 환경도 변화시켜 주신다.

캐로더스는 말한다.

> 난관, 질병, 재앙으로 주님을 찬양한다는 것은 문자 그대로 그러한 곤란이 야기됨을 인정하고 우리의 삶을 위하여 준비하신 하나님의 계획의 한 단면이라고 받아들인다는 뜻이다.[5]

그리스도교 신앙 3대인 나에게 감사하게도 하나님은 찬송의 은사를 주셨다. 어릴 때부터 찬송은 나의 친구가 되었다. 특히 고등학교 2학년 재학 시절에 거듭남의 은혜를 체험[6]한 이후 더욱 찬송 생활을 했다. 목사님의 설교나 교회학교 교사의 가르침보다는 '찬양대의 찬양과 개인의 찬송 생활이 신앙을 더 키워 주었다.' 밤하늘을 수놓은 별

---

4 멀린 R. 캐로더스, 『찬송 생활의 권능』 민병길 역(서울:보이스사, 1998), p.11.

5 Ibid., p.12.

6 그전까지는 경건한 그리스도인의 가정이기 때문에 열심히 교회에 나갔으나 인격적으로 주님을 만나는 극적인 체험은 없었다.

들을 바라보면서 찬송을 부르던 일, 생명이 위기에 놓였을 때 하나님을 의지하며 찬송하던 일, 크고 작은 시험을 당할 때에 찬송을 부르던 일, 미국 유학 시절에 재정이 궁핍할 때 숲속 기도실을 찾아 찬송하던 일 등 … 지금까지 하나님의 인도하심은 찬송과 떼어놓을 수 없는 하나님 은혜의 실재다.

찬송은 기도와 함께 하나님의 보좌로 인도하는 신앙의 날개다. 경건한 유대인들[7]은 기도와 금식과 찬양을 통해 상승하여 천궁天宮인 아홉 헤칼로트hecalots를 통과하여 신의 전차戰車[8] 혹은 하나님의 보좌인 메르카바Merkabah[9]에 도달하고자 했는데, 메르카바에 도달한 그들은 하나님과의 합일unity[10]을 추구했다. 그만큼 찬송은 신앙생활에 중요한 역할을 하는 것이다.

사탄 마귀가 가장 싫어하는 것 중 하나가 찬송이다. 왜냐하면 찬송은 기도와 함께 그리스도인이 갖는 강력한 무기이기 때문이다. 사탄 마귀는 그리스도인의 생활 가운데서 기도와 찬양을 빼앗으면 신자

---

7   그들은 신비적 유대인들(mystical Jews)이었다.
8   에스겔 1:15-21을 참조하라.
9   이를 메르카바 신비주의라고 한다. Daniel C. Matt, *The Essential Kabbalah. The Heart of Jewish Mysticism*(New York: HarperColiina Pub,, 1995), p.3.
10   God을 닮은 god이 목표였다고 할 수 있다(요한계시록 21:3 하반절 참조). 구원의 완성은 하나님처럼 되어 하나님의 장막에서 하나님과 함께 사는 것이다.

들을 넘어뜨릴 수 있다고 생각한다.

미국 어느 주에 있는 교회의 한 성도가 홀로 교회당에서 찬양하고 기도하던 중 환상을 보았는데, 사탄 마귀들이 하는 소리를 들었다고 한다.

"저놈만 없으면 우리는 이 교회를 다 삼킬 수 있는데 …."

삶의 전쟁뿐 아니라 일반 국가 간의 전쟁 상황에 임재하여 이스라엘을 구원하시고 우리들을 구원하시는 전능하신 *엘샤다이*El-Shadai[11] 하나님의 도움과 축복의 손길은 찬송을 부를 때 임한다. 다시 말하면, 찬송이 있는 곳은 하나님 임재의 처소다. 이스라엘(우리)의 찬송이신 하나님(신 10:21; 시 118:4; 렘 17:14)은 찬송이 있는 곳은 어디든지 그분의 임재 장소로 삼으신다!

---

11   우주 만물을 창조하신 엘로힘 하나님은 믿음의 족장들에게 엘샤다이로 자신을 계시하셨다. '샤다이'를 어원학적으로 살피면 '풍부한 젖'이라는 개념이 들어 있다. 하나님은 사랑하는 자들에게 풍부한 젖, 곧 복을 주시는 분이시다.

2. 하나님을 찾는 자는 찬송하라

여호와를 찾는 자는 그를 찬송할 것이라(시 22:26)

하나님은 발견되기 위해 숨어 계신다(사 45:15)라고 앞에서 이미 언급했다. 그러면 숨바꼭질 놀이에서처럼, 술래인 우리가 "꼭꼭 숨어라 머리카락 보일라." 하고 좀처럼 찾지 못하게 숨어 있으라고 할 것이 아니라, 숨어 계신 하나님을 찾기 위해 큰 소리로 찬송을 불러야 할 것이다. 그러면 숨어 계신 하나님은 스스로 그 모습을 드러낼 것이다. 하나님은 인격적이시기 때문에 우리가 요청하면 언제든지 우리의 요청에 응해 주시는데, '요청 중의 요청은 찬송'이다.

찬송을 통해 하나님은 우리를 얽어맨 사슬을 끊는 역사를 하신다. 바울과 실라가 빌립보 옥중에서 쇠사슬에 묶인 채 찬송을 부를 때, 쇠사슬이 벗겨지고 옥문이 열리는 역사와 간수의 집안이 구원받는 역사가 일어났다(행 16:16-34).

내가 목회하면서 한 자매를 치유하는 일이 있었는데, 그 자매는 예수를 믿지만 어둠의 영들에게 공격을 받고 있었다. 능력 대결power encounter이 아닌 '진리 대결'truth encounter을 위해 말씀을 전한 후(그녀는 구원의 확신을 갖게 되었다.) 기도하며 찬송할 때, 어둠의 영은 더 이상 그녀를 괴롭히지 못하고 훌쩍 떠나고 말았다. 그녀는 지금 승리에 찬 믿음생활을 잘하고 있다.

'찬송을 모르는 자는 하나님을 잘 모르는 자'다. 찬송을 하지 않는 자는 교만한 자다. 자기 충족 혹은 자기만족self-satisfaction, 자만self-pride, 자기중심self-centeredness에 빠져 있는 경우, 그리고 스스로의 힘으로 얼마든지 길을 갈 수 있고 바라는 것들을 성취할 수 있다는 자기확신self-conviction의 늪에 빠져 있는 자다!

그러므로 하나님의 임재 앞으로 나아갈 때는 항상 찬송을 부르면서 나아가야 한다. 기도할 때나 예배를 드릴 때에도 먼저 찬송을 부른 다음, 기도하고 예배해야 한다. 하나님을 찾은 이후에 하나님께 기도드리고 예배드리는 것이 순서이기 때문이다.

나는 개인적으로 루터 교회의 예배 형식을 좋아한다. 예배를 시작할 때에도 찬송으로 시작하고 마칠 때에도 찬양으로 마친다. 다른 기성 교회들은 목회자가 축도하면 반주로 후주하고 다 헤어지지만, 루

터 교회는 목회자가 축도한 후 찬양으로 예배를 마친다. 아주 성경적
이다!

3. 정직한 자가 마땅히 드려야 할 찬양

너희 의인들아 여호와를 즐거워하라 찬송은 정직한 자들이 마땅히 할 바로다
(시 33:1)

왜 찬송은 정직한 자들이 마땅히 해야 할 바인가? 정직하지 않는 자들은 찬송을 마땅히 하지 말아야 할 바 혹은 하지 못할 바인 것인가? 정직한 자들은 이미 하나님을 즐거워하는 자인 반면에 정직하지 못한 자들은 하나님을 즐거워하지 않는 것인가?

찬송하는 자들은 하나님의 창조와 창조의 목적(사 43:21; 히 13:15)을 아는 의인들믿음으로 의롭다함을 받은 자들로서 자신들의 한계와 무능을 자각하고 인정하며 오로지 하나님을 신뢰하고 의지하는 정직한 자들이다. 그러나 반대로 찬송하지 않는 자들은 하나님의 창조를 인정하지 않고 자신들이 자신들의 운명과 행복의 주관자라고 믿고, 자신들을 중심으로 세계를 재조직하며 자신들의 제한된 자원을 넓히기 위해 할 수만 있으면 주변 사람들을 조종manipulate하고 이용하고 착취exploit하

는 데 혈안인 정직하지 못한 자들이다.

찬송은 '영성spirituality의 저울'이다.

구속救贖의 은혜를 입고 그 은혜를 감사하는 새 예루살렘 백성 혹은 시온의 거룩한 백성들의 입에서는 감사와 찬양이 넘친다. 그러나 아직 거듭남의 은혜를 체험하지 못하고 맹목적인 신앙에 매달린 명목상의 그리스도인의 삶에는 찬송이 전혀 없다. 그러므로 찬송은 영성의 저울이요 동시에 살아 있는 참된 신앙의 표지다.

예수님은 십자가를 지시기 전 제자들과 함께 유월절 만찬을 하신 다음 찬미하고 감람산으로 나아가셨다(마 26:17-30; 막 14:26). 그분의 앞길에는 가혹한 심문과 채찍질, 고난의 길, 비아 돌로로사Via Dolorosa 그리고 십자가의 죽음의 쓴 잔이 놓여 있음에도 불구하고 하나님을 찬미하며 나아가셨다.

찬송은 정직한 자의 삶과 입술의 열매다!

4. 하루 종일 찬양하고 평생에 찬양하라

나의 혀가 주의 의를 말하며 종일토록 주를 찬송하리이다(시 35:28)

주를 찬송함과 주께 영광 돌림이 종일토록 내 입에 가득하리이다(시 71:8)

할렐루야 내 영혼아 여호와를 찬양하라 나의 생전에 여호와를 찬양하며 나의 평생에 하나님을 찬송하리로다(시 146:1-2)

하나님께서 우리에게 생명의 하루를 주실 때에는 목적이 있으시다. 세상과 세상에 있는 것들을 사랑하고(요일 2:15-17), 탐貪하며, 그것들에 집착attachment[12]하므로 그로 인한 근심과 염려의 무게 아래 짓눌려 살게 하신 것이 아니다. 근심과 염려를 비롯하여 세상의 모든 짐은 우리가 하나님께 맡기면 맡아 주시고 돌보아 주시기 때문에(시 81:6; 벧전 5:7) 우리가 할 일은 감사와 찬송뿐이다.

시편 기자는 하루의 삶을 살면서 불안이 엄습해 올 때 하나님을 찬송했다(시 42:5,11). 불안[13]을 실존적인 것으로 말하지만, 실존은 불안

---

12 그리스도인의 영성은 집착(attachment)이 아니라 초연(detachment)이다.

13 하이데거의 『존재와 시간』에 나오는 이야기다. 어느 날 불안의 신이 강을 건너다가 한 조각의 흙덩이를 발견했다. 그는 흙덩이를 집어 들어 생각나는 대로 하나의 형상을 만들었다. 이것을 가지고 어떻게 할까 하고 생각하고 있을 때, 주피터 신이 나타났다.

을 극복할 수 있다. 하나님 안에 있는 실존 말이다.

살다 보면, 때로는 이유 없는 불안이 마음에 엄습할 때가 있다. 그때 찬송하면 불안은 안개 같이 사라져버린다. 살다 보면, 그것이 건강의 문제이든 경제의 문제이든 할 것 없이 종종 크고 작은 삶의 무게가 우리를 짓누를 때가 있다. 그때 찬송의 손을 들면 삶의 무게는 종이 짝처럼 가벼워짐을 느낀다. 그래서 시편 기자는 새벽에 찬송하고(시 57:8), 아침에도 찬송하고(시 59:16), 밤에도 찬송하고(시 42:8), 종일 찬송으로 가득 채운 하루를 살았다(시 35:28, 71:8). 더 나아가 영원토록 찬송하겠다는 의지를 표명했다(시 72:19). 땅 위의 나그네 삶 속에서도 찬송, 거룩한 천국에 올라간 후에도 사라지지 않는 것은 천상의 찬양대celestial choir와 합하여 부를 기쁜 찬송이다.

거룩한 천국에 올라간 후에도

불안의 신은 주피터에게 이 형상에 혼을 넣어 달라고 부탁했다. 주피터는 쾌히 승낙했다. 불안의 신은 이 형상에 자기의 이름을 붙이려고 하니 주피터는 자기의 이름을 붙여야 한다고 주장했다. 불안의 신과 주피터는 이름 문제를 갖고 논쟁했다. 이때 땅의 신이 나타나서 이 형상은 내 몸의 한 조각인 흙으로 만들었으니 마땅히 내 이름을 붙여야 한다고 주장했다. 이에 세 신은 시간의 신 새턴에게 가서 재판을 요청했는데, 새턴은 공정한 재판을 내렸다. "주피터 신이여, 당신은 이 형상에 혼을 주었으니 이 형상이 죽으면 혼을 도로 가져가시오. 땅의 신이여, 당신은 이 형상에 몸(신체)을 주었은즉 이 형상이 죽으면 몸(신체)을 도로 가져가시오. 그러나 불안의 신, 당신은 이 형상에 생명이 있는 동안 이것을 주관하시오. 그러나 이름에 관해서는 호모(homo, 사람)라고 명하는 것이 좋겠소. 왜냐하면 이 형상은 흙(humus)으로 만들었으니까."

넘치는 은혜의 찬송을 기쁘게 부름은

어린 양 예수의 그 피로 속죄함 얻었네

_ 새찬송 257장 4절

내가 신학교에 다닐 때 선교사 헤인스Mrs Heins 부인이 선물로 준 조그맣고 예쁜 나무로 된 조각품이 있다(사실 지금은 잦은 이사 중에 잃어버렸으나 가슴에는 기록되어 있다.). 그 조각품에는 다음과 같은 글귀가 적혀 있었다.

Only One Life

Handle it with Prayer!

한 번뿐인 인생

기도로 운행하시오!

나는 개인적으로 이 글귀에다가 다음 글귀를 더하였다.

Only One Life

Handle it with Praise!

한 번뿐인 인생

찬양으로 운행하시오!

5. 찬양할 마음의 확정

하나님이여 내 마음이 확정되었고 내 마음이 확정되었사오니 내가 노래하고
내가 찬송하리이다(시 57:7)

히말라야산에 사는 어떤 새는 둥지가 없어 밤이면 나뭇가지에 앉
아 몰아치는 북풍설한에 밤새도록 떨면서 "날 새면 집 지리 날 새면
집 지리!" 하고 온밤을 울며 새다가 날이 밝고 해가 돋으면 이 나무
저 나무로 날아다니며 노는 재미에 지난밤의 결심을 잊고 지내다가,
다시 밤이 되면 나뭇가지 위에서 "날 새면 집 지리!"로 밤을 울어 새
우기 때문에 티베트 사람들은 그 새를 "날 새면 집 지리 새"라 부른다
고 한다.

비단 '날 새면 집 지리 새'뿐일까? 우리 인간 역시 그 새와 하등 다
를 바 없다.

작심삼일(作心三日)이라, 작심했다가도 삼일이 지나면 흐지부지해지
는 것이 우리 인간의 일상사다. 그러므로 무엇을 하기로 마음을 정하

는 결단decision making과 그에 따른 구체적인 실천praxis이 얼마나 중요한지 모른다. 한 인간의 성숙도는 그것으로 평가될 수 있다.

1871년 8월 어느 날, 무디는 주일 저녁 집회에 모인 군중에게 열정적으로 말씀을 전했다. 설교를 마치면서 말했다.

"여러분! 일주일간의 여유를 드리겠습니다. 다음 주일 저녁에 오실 때 예수를 믿을지 가부간 대답을 가지고 오시기 바랍니다."

그날 밤 집회가 끝날 무렵 시카고에 대화재가 발생했다. 구경꾼들이 모여들고 하늘은 불길로 뒤덮였다. 집회는 대충 마무리 되고 사람들은 흩어졌다. 아침이 되어 불길이 잡혔는데, 많은 도시는 잿더미가 되고 많은 사상자가 발생했다. 사상자 가운데 그 집회에 참석했던 사람도 많이 있었다. 무디는 땅을 치며 통곡했다고 한다.

"아! 내가 왜 결단의 시간을 일주일이나 주었던가? 즉석에서 결단하게 하지 못한 것은 나의 큰 실수였다. 주님을 영접하지 못하고 죽은 영혼들에게 정말 미안하기 그지없구나!"

러시아의 문호 톨스토이가 어느 날 여행 중에 있었다. 어느 하숙집에 들렀는데, 하숙집 주인 딸이 톨스토이가 지닌 가방을 보고서 어찌나 예쁜지 갖고 싶어 했다. 톨스토이는 여행을 마치고 돌아오는 길에 그 소녀에게 가방을 주겠노라고 약속하고 길을 떠났다. 여행을 마치고 돌아오는 길에 그 하숙집에 다시 들렀는데 그 소녀는 병으로 죽고 없었다. 톨스토이는 소녀가 원할 때 주려고 결단하지 못한 것을 못내 아쉬워했다.

그래서 그는 말했다.

과거는 이미 죽은 것이다.

우리의 존재와는 상관없는 것이 되었다.

미래는 신의 영역에 속한 것이다.

신이 그것을 허락하실 때에만 우리 것이 될 수 있다.

우리에게 있는 것은 "오늘, 지금 이 순간"이다.

그러므로 결단할 일이 있으면 미루지 말라.[14]

우리가 생을 살면서 선택하고 결단할 일이 얼마나 많은가? 부모와의 만남과 같은 비의지적인 선택, 친구나 배우자와의 만남과 같은 의지적 선택과 결단, 하나님과의 만남과 같은 궁극적 선택과 결단 등 여러 차원의 선택과 결단이 있다.

선택과 결단이라는 배를 타고 인생의 바다를 항해하는 우리들이지만, 하나님께 찬양을 드릴 삶을 선택하고 결단확정하는 일은 아주 성스러운 것이다.

---

14 내가 고등학교 2학년 때 읽은 톨스토이의 『마음의 성좌』의 글이다. 지금은 그 책이 없어져서 구체적인 출처를 밝힐 수 없다.

시편 기자는 하나님께 찬송 생활하기로 결단^{확정}한다. 그것도 두 번씩이나 반복해서. 이 결단은 모든 결단 가운데 최상의 결단이다. 만유 위에 뛰어나신 하나님께 드리는 찬송의 제사이므로 그 어떤 결단보다 뛰어난 결단이다.

6. 황소 제사보다 나은 찬송

내가 노래로 하나님의 이름을 찬송하며 감사함으로 하나님을 위대하시다 하리니 이것이 소 곧 뿔과 굽이 있는 황소를 드림보다 여호와를 더욱 기쁘시게 함이 될 것이라(시 69:30-31)

피조물의 존재 목적은 창조주 하나님을 경외하며(신 14:23, 17:19, 31:13) 사랑하며(신 30:6, 16, 20) 기쁘시게 섬기는 것이다(레 22:19, 20, 21, 23, 25, 27, 29). 하나님께 정성으로 드리는 흠 없는 제물도 향기로운 제물[15]로서 기쁘시게 하지만[16] 이보다 더 하나님을 기쁘시게 하는 제물은 찬양의 제물이다.

자녀들이 그들을 낳고 길러 주신 부모님의 사랑과 은혜에 감사하는 표지로 좋은 선물을 마련해 드리는 것도 좋은 일이지만, 부모를 가장 기쁘게 하는 것은 순종이듯이, 우리가 드리는 각종 제물(헌금을 포함하여)도 하나님은 기쁘시게 받으시지만, 가장 기뻐하시는 것은 찬양

---

15 레위기 1:9, 13, 17; 2:2, 9, 3:5; 166:15, 21; 8:21, 28; 16:12; 17:6; 23:13.
16 레위기 19:5, 7; 22:19, 20, 21, 23, 25, 26, 29; 23:11.

이다. 찬양으로 하나님을 높여드리는 일보다 더 원하시고 기뻐하시는 것이 무엇이겠는가?

평소의 삶에서도 그렇겠지만, 교회당에서 드리는 공적 예배 시에 입을 닫은 채 찬송을 부르지 않는 신자, 딴전 피우면서 찬송하는 신자, 찬송을 해도 형식적으로 그리고 인색하게 하는 신자들을 바라보노라면 가슴이 답답할 때가 한 두 번이 아니다. 찬송하는 입술을 통해 하나님의 은혜와 복이 흘러들어가는 것을 어찌 그리 모르는 것일까? 말씀을 들을 때 '아멘'으로 받아들일 때마다 보약 한 재를 마시는 것처럼, 정성들인 찬송을 부를 때 우리는 하늘의 피를 수혈 받는다!

7. 소망을 품고 더욱 찬송하라

나는 항상 소망을 품고 주를 더욱더욱 찬송하리이다(시 71:14)

에밀 브루너Emil Brunner는 "산소가 폐에 필요한 것같이 인간의 정신 생활에 소망(희망)의 불이 절대 필요하다."라고 말했다. 실로 소망이 없는 삶은 죽음이나 다름없다.

영국의 비평가이자 저술가인 해즐릿W. Hazlitt은 "소망은 최선의 소유이다. 소망이 없는 자만큼 완전히 처절하게 된 자는 없을 것이다. 소망이 없는 인간보다 인생의 밑바닥으로 떨어진 사람은 없다."라고 말했다.

찰스 버드Charles Bird는 "날이 점점 어두워지면 별은 더욱 똑똑히 보이는 것처럼, 암흑과 혼란이 길어지면 이것이 다 지나가기 전에 벌써 희망의 별이 나타날 때가 된 것을 역사는 증명하더라."라고 말했다.

다음은 영국 왈츠의 "소망"이라는 글이다.

둥근 지구 위에 어떤 젊은 여인이 홀로 외롭게 앉아 있다. 자세히 살펴보면, 그 눈은 수건으로 싸매어 있다. 앞을 보지 못한다. 그 가슴에는 비파를 안고 있는데, 자세히 살펴보면 그 비파의 줄이 거의 다 끊어져 있다. 오직 한 줄만 남았다. 뒤에는 희미한 별 하나만 반짝이고 있다. 이 여인은 우주에 홀로 앉아 있으나 보지 못한다. 그러나 오직 남은 줄 하나만 가지고 음악을 한다. 그리고 그 줄은 소망의 줄이다. 다른 것 다 잃어도 소망의 줄 하나만 있으면 재기할 수 있을 뿐 아니라 생존할 수 있다.

빅터 프랭클Victor Frankl은 아우슈비츠 집단 수용소에서 살아남은 사람 중 한 사람이다. 그가 쓴 책 『죽음의 수용소에서Man's Search for Meaning』는 삶의 의미를 찾으며 희망을 갖고 살려는 의지를 가진 사람은 죽음의 수용소에서 살아남았지만, 살려는 의지 곧 희망을 상실한 사람들은 다 죽었다고 말한다.[17]

이와 관련된 희망의 시詩 하나가 당시 독일 쾰른 지하 동굴에 기록되어 있었다. 나치 독일이 유대인을 집단 수용소에 가두고 온갖 만행을 저지르고 있던 때다.

태양이 구름에 가려 빛나지 않을지라도

---

17 Victor Frankl, *Man's Search for Meaning*(New York: Washington Square Press, 1984), p.26. 프랭클은 인간에게 의미를 부여하는 것은 사랑, 고통, 책임이라고 말한다. 참조: 로버트 C. 레슬리, 『예수와 의미 요법』 도병일 역(서울: 혜선문화사, 1976)

나는 태양이 있음을 믿습니다.

사랑이라곤 조금도 느껴지지 않을지라도

나는 사랑을 믿습니다.

하나님께서 침묵 속에 계시더라도

나는 하나님을 믿습니다.

런던 시내길 한 모퉁이에서 희망을 닦는 구두닦이 소년이 있었다. 그는 아버지가 너무 많은 빚을 져 감옥에 갇히게 되자 부득이하게 구두를 닦을 수밖에 없었다. 소년은 새벽부터 밤늦게까지 구두를 닦으면서도 웃음을 잃지 않았다. 언제나 감사의 노래를 불렀다. 그러자 지나가는 사람들이 물었다.

"구두 닦는 일이 그렇게 좋으니?"

그때마다 소년은 "즐겁지요, 왜냐하면 저는 구두를 닦는 것이 아니라 '희망을 닦고 있기 때문'이에요."라고 대답했다.

훗날 소년은 『올리버 트위스트』라는 작품을 써서 세계적인 작가가 되었는데, 그가 바로 찰스 디킨스Charles H. Dickens다.

미국 여류 작가 샬럿 브론테C. Brontë는 아버지를 여의고, 아버지 무덤의 흙이 마르기도 전에 하나 밖에 없는 동생을 잃었다. 그때 그녀의 친구가 위로 편지를 보냈다. 그녀는 그 편지에 답장을 했다.

나는 슬픈 과거를 생각지 않네.

나는 암담한 미래도 내다보지 않네.

오직 머리를 들고

소망의 하나님만 바라고 살려 하네.

소망希望은 인간 정신의 메커니즘에서 가장 강력한 실제적인 힘일 뿐 아니라 종교적 영역에서 '믿음 우위에 있는 신앙의 실재'다. 믿음은 희망을 떠받쳐 주는 기둥이라고 한다면, 희망은 믿음을 끌어올려 주며, 믿음을 성장시켜 주며, 믿음의 방향을 지시한다. 그래서 성경은 "믿음은 바라는 것들希望의 실상"이라고 말씀한다(히 11:1).

그런데 시편 기자는 소망希望을 찬송과 연결한다. 도대체 소망과 찬송은 무슨 관계를 갖는 것일까?

모리스 인치Morris Inch는 『시편의 심리학』에서 이렇게 말한다.

성경적인 소망은 삶의 요소를 감하는 것이 아니라 오히려 삶의 등식에 하나님을 더하는 것이다. 소망은 외친다. 적이 없기 때문이 아니라 하나님이 승리를 주시기 때문이다. 소망은 노래한다. 밤이 없기 때문이 아니라 하나님이 밤에 노래를 주시기 때문이다. 소망의 맥박은 찬양이다.[18]

---

18   Morris Inch, *Psychology in the Psalms*(New York: Abingdon Press, 1986), p.45.

성경은 하나님이 우리의 소망이라고 말씀한다(렘 14:8; 롬 15:13). 하나님은 '소망의 하나님'이시다. 그래서 시편 기자는 "여호와 자기 하나님에게 소망을 두는 자는 복이 있도다."(시 146:5) 라고 말하면서 소망을 하나님께 두라(시 78:7)고 권면한다.

사도 베드로 역시 같은 말을 하고 있다.

너희 소망이 하나님께 있게 '하시기를 원하노라' _ 벧전 1:21

그런데 모리스에 의하면, 소망의 맥박은 찬양이다. 소망이 살아 있기 위해서는 찬양이 필수적이라는 말이다. 어디 맥박뿐이겠는가? 찬양은 소망의 호흡이라고도 할 수 있다. 생명 유지를 위해 호흡이 필수적이듯이, 소망 유지를 위해 찬양의 호흡은 지속되어야 하고 찬양의 맥박은 계속 뛰어야 한다.

하나님을 소망하는 가운데 우리가 가진 소망의 호흡은 계속되고 맥박은 계속 뛰어야 할 것이다.

8. 새 노래로 주를 찬송하라

새 노래로 여호와께 노래하라 온 땅이여 여호와께 노래할지어다(시 96:1)

내가 수석 부목사로 서울 G 성결교회에서 사역할 때의 일이다. 찬양대 지휘자이신 J 장로님은 모 대학에서 학생들을 가르치는 교수로 재직하면서 예배 찬양을 위해 한 주간에 4시간씩 규칙적으로 금식 기도를 하셨다.

어느 날 말씀을 묵상하는 가운데 이 말씀, "새 노래로 여호와께 노래하라 온 땅이여 여호와께 노래할지어다."(시 96:1)에 도전 받아 새 노래로 하나님을 찬양하기 위해서 금식 기도하면서 작곡을 하셨다.

그분의 지론은 세상 음악 혹은 사탄의 음악이 하나님께 드리는 찬양보다 소리가 더 크고 웅장하기 때문에 어떻게 해서든 질서를 역전시켜야 한다는 것이었다. 그래서 그분은 교회에서 지원하는 찬양대 연간 경상비로는 불가능하기 때문에 살고 있던 큰 집을 팔아서 절반을 찬양대에 바쳤다. 나중에는 남은 절반마저도 팔아서 찬양대에 봉헌하고 전셋집에서 살기로 하셨다. 솔리스트들(소프라노, 알토, 테너, 베이스)을 기용하고, 바이올린, 첼로, 징, 큰북 등 오케스트라에 준하는 모든 악기 연주자를 기용하여 자신이 작곡한 찬양을 드리기 시작했다. 얼마나 웅장하고 은혜로운지! 나는 찬양대의 찬양이 시작되는 시간에는 성도들의 출입을 제한하도록 조치했다. 하나님께 드리는 찬양이 끝나면 예배실 출입구들을 열도록 했다. 예배 인도자liturgist로서 예배를 인도할 때에 찬양에 감동되고 압도되어 강대상에서 무릎을 꿇은 적이 한두 번이 아니었다. 그때의 찬양은 내 일생에 두고두고 기억되는 감동의 찬양이다!

말씀대로 우리는 매일 새 노래를 지어서 찬양으로 드려야 할까? 음악을 전공도 하지 않은 우리가 어떻게 새 노래를 지어서 찬양 드릴까? 고민하지 않을 수 없다. 하지만 새 노래로 여호와를 찬양하라는 것은 꼭 새 노래를 지어서 부르라는 뜻은 아닐 것이다. 만일 그렇다면 새 노래를 지어서 찬양드릴 사람이 과연 몇이나 될까? 음악을 전공한 사람들은 가능할지 몰라도 우리 같은 범인들은 불가능하다. 나는 개인적으로 새로 지은 찬양곡이든 기존의 찬양이든 새 마음으로 찬양을 하라는 뜻으로 받아들인다.

우리 주변에 훌륭한 작사 작곡자들이 얼마나 많은가? 그들이 주는 도움으로 우리는 언제든지 새 노래로 찬양드릴 수 있다! 비단 새 노래가 아니라 지나간 노래들이라도 '새 마음으로' 드리면 하나님이 즐겨 받으시는 새 노래가 될 수 있을 것이다. 중요한 것은 마음에서 영에서 우러나는 진정한 찬양을 하나님은 받으시기 원하실 것이다!

9. 찬양을 가지고 감사의 문을 통과하라

감사함으로 그의 문에 들어가며 찬송함으로 그의 궁정에 들어가서 그에게 감사하며 그의 이름을 송축할지어다(시 100:4)

하나님의 집궁정/임재으로 들어가려면 감사의 문을 통과해야 한다. 그리고 하나님 집 안에서궁정/임재 안에서 할 일은 찬양이다.

우리가 먼저 생각해 볼 것은 감사다.

프란시스 쉐퍼Francis Shaeffer 박사는 "인류의 첫 번째 범죄는 감사의 결핍에서 비롯되었다. 에덴동산의 아담과 하와는 하나님께 감사했다는 문구가 없다."라고 일침을 놓았다. 감사가 없었던 기쁨의 에덴동산은 마침내 슬픔과 비통의 동산으로 침몰했다.

우리는 어떤 동산에 거하고 있을까? 브레톤의 어느 가난한 어부는, "주님, 주님 은총의 바다는 저리도 무한한데, 제 감사의 배는 지극히 작고 낡았나이다."라고 고백했다. 우리의 배는 낡지 않았을까?

혹자는 "하나님의 주소는 두 군데 있다. 하나는 하늘나라요, 다른 하나는 감사하는 마음이다."라고 했다. 우리는 주소 불명의 집에 거처하고 있지는 않는가?

불평촌 사람들은 무엇에나 불만이고, 무엇에나 근심이고, 매사에 분노하고, 좋은 일이 생겨도 혹시 나쁜 일이 생기지 않을까 예상하면서 미리 걱정한다. 불평촌 사람들은 그 주소가 불평이기 때문에 불평의 비극에서 벗어날 수 없었다. 그러나 감사촌 사람들은 어떤 형편에서도 감사한다.

하루는 불평촌 사람이 감사촌에 놀러왔다가 감사하는 소리에 놀랐다. 그도 감사를 배운다. 저녁이 되어 불평촌에 돌아와서는 다시 불평을 토한다.

"에이, 감사촌에 갔다가 얻어 먹은 것도 없이 감사만 하고 왔다."

감사는 그 주소가 감사촌에서만 가능한 것이다.

어느 날, 하나님께서 두 천사에게 땅에 내려가 사람들의 기도를 모아 오라고 명하셨다. 두 천사는 하루 종일 기도 소리가 나는 곳을 돌아다녔다. 일을 마친 두 천사가 서로의 바구니를 살펴보았다. 그런데 한 천사의 바구니는 넘쳤고, 다른 한 천사의 바구니는 거의 비어 있었다. 두 천사는 서로에게 물었다.

"어떻게 해서 천사님의 바구니는 그렇게 넘치나요?"

"사람들이 간구하는 소원을 담았더니 이렇게 넘치는군요."

"그런데 천사님의 바구니는 왜 그리 비었나요?

"감사드리는 기도만 담았더니 이렇답니다."

어떤 신자가 천국에 갔다. 천사의 안내를 받아 이 방 저 방을 돌아보고 있는데, 한 방에 들어서니 선반 위에 수많은 보따리가 놓여 있었다.

"도대체 이 많은 보따리는 다 무엇인가요?" 하고 물었다.

"찾아가지 않은 보따리들입니다. 하나님께서 신자들을 위해 많은 복 보따리를 준비해 두셨지만, 감사하는 믿음이 없고, 감사를 실천하지 않아서 그대로 남은 것입니다."라고 말했다.

"주여!" 삼창 후, "주시옵소서! 주시옵소서!"라는 기도는 우렁차지만, "하나님, 감사합니다! 주님, 감사합니다! 성령님, 감사합니다!"라는 기도는 자취를 찾아보기 힘든 현 세대의 모습은 아닌가?

밥 존스Bob Johns 박사는 "마음의 동산에 피는 꽃 중에서 가장 사랑스런 꽃은 감사의 꽃이다."라고 말했고, 위대한 성경 주석가인 매튜 헨리Matthew Henry는 "감사하는 사람은 진흙 속에 살면서도 그것을 은혜로 안다. 그 이유는 보석은 진흙 속에서도 보석이기 때문이다."라고 말했다.

우리 주변에는 감사를 모르는 자가 많은 반면, 감사하는 이들, 감사의 모범이 되는 이도 많이 있다.

독실한 신앙으로 어떤 일을 당해도 감사하며 살고 있는 제러미 테일러Jeremy Taler에게 어떤 학생이 찾아와서, "세무소 집달리가 와서 교수님의 재산을 몽땅 압류하고 알거지가 되어도 종전처럼 하나님께 영광을 돌리고 감사하시겠습니까?" 하고 물었다. 그는 이렇게 말했다.

"집행관이 나의 모든 것을 가져가지 못합니다. 하늘의 해와 별들은 여전히 나의 것입니다. 사랑하는 아내와 나를 동정해 주는 친구들을 압류할 수 없습니다. 맑은 공기도 여전히 있고, 말할 수 있는 입도, 글을 쓸 수 있는 손도 압류되지 않을 것입니다. 나의 양심도, 나의 즐거운 인생관도 빼앗지 못합니다. 더군다나 내가 믿는 하나님의 약속과 천국에 대한 소망을 빼앗는 자는 이 세상에 없습니다. 도대체 내가 무엇을 잃겠습니까?"

곰곰이 생각하면, 우리가 잃은 것보다 얻은 것들, 누리고 있는 것들이 더 많다. 없는 것, 잃은 것에 초점을 맞추면 감사와 기쁨을 상실하지만, 그 반대로 현재 있는 것들, 얻은 것들, 누리고 있는 것들에 초점을 맞추면 감사가 늘어난다.

우리는 감사를 하되 감사를 미루지 말아야 한다.

어느 시골에 어리석은 농부가 살고 있었다. 그에게는 젖소 한 마리가 있었다. 그런데 한 달 후에 많은 손님이 그 집에 오기로 되어 있었다. 농부는 그때를 위해 한 달 동안 소젖을 짜지 않고 저축해 두기로 했다.

드디어 그날이 왔다. 그는 젖을 짜려고 커다란 그릇을 준비했는데, 아무리 젖을 짜도 한 방울도 나오지 않았다. 우유란 매일매일 짜야 더 잘 나온다는 사실을 몰랐기 때문이다.

감사를 미루다 보면 결국 감사를 잃어버리고 기쁨이 사라진, 냉랭하고 우울하고 불평에 찬 나날의 삶을 살기 쉽다.

하나님께 찬양의 제사를 드리려는 이들은 반드시 감사의 문을 통과해야 한다.

감사 없이는 찬양의 궁전에 들어갈 수 없을 뿐더러 하나님이 받으실 만한 찬양의 제사를 드릴 수 없다. 찬양의 궁전에 계신 하나님은 감사의 문을 통과한 이들의 찬양을 흠향하신다! 그러므로 우리는 먼저 범사에in all circumstances 감사하는 자가 되어야 한다(살전 5:18).

멀린 R. 캐로더스는 군목 생활을 하는 동안 삶의 위기에 처한 수많은 사람을 감옥 같은 생활에서 감사와 찬송 생활로 이끈 장본인이다. 그는 말한다.

찬양! 바로 그 찬양 기도는 하나님의 능력을 역사하게 하며 하나님의 뜻일 때는 하나님께서 바로 그 환경을 바꾸어 주실 것을 확신하는 것이다. … 찬양 기도는 하나님과 교통하는 가장 좋은 길이며 우리 생활에 큰 힘을 일으키는 것을 나는 믿게 되었다. 찬양 기도는 커다란 결심 중에 행하여지며 끝까지 견디어 찬양을 계속하면 하나님의 능력은 서서히 시작하여 점점 불어나 큰 시내처럼 넘쳐 흘러 지난날의 상처와 그 흔적을 깨끗이 씻어 주신다.[19]

---

19 멀린 R. 캐로더스, 『감옥 생활에서 찬송 생활로』 유화례·정창식 공역(서울:보이스사, 1993), p.101.

10. 모든 악기를 가지고 찬양하라

> 할렐루야 그의 성소에서 하나님을 찬양하며 그의 권능의 궁창에서 그를 찬양할지어다 그의 능하신 행동을 찬양하며 그의 지극히 위대하심을 따라 찬양할지어다 나팔 소리로 찬양하며 비파와 수금으로 찬양할지어다 소고 치며 춤추어 찬양하며 현악과 퉁소로 찬양할지어다 큰 소리 나는 제금으로 찬양하며 높은 소리 나는 제금으로 찬양할지어다 호흡이 있는 자마다 여호와를 찬양할지어다 할렐루야(시 150편)

내가 강원도 원주에 있는 W 교회에서 목회할 때의 일이다. 이 시편 본문을 따라 여전도 회원들로 사물놀이 단을 구성하여 훈련하다가 (나의 허락을 받아 그들 자신들이 구성하여 훈련했다.) 어느 해 추수감사절에 피아노나 전자오르간을 사용하는 대신 입례송부터 예배를 마칠 때 드리는 영광송adoration까지 오로지 사물만 사용하고 찬송가도 한국 가락 찬송만을 선택하였다. 추수감사절 예배가 끝나기가 무섭게 성도들은 은혜를 아주 많이 받았다고 이구동성으로 간증했다.

그런데 어느 한 장로는 "거룩한 교회당에서 장구, 북, 징, 꽹과리가 무어냐?"라고 떠들고 야단법석이었다. 그런데 고지식한 그분은 교회에서 무슨 친교 행사를 할 때 남전도회 순서가 되기만 하면 약장수들이 노상에서 사용하는 연합악기를 연주하면서 하모니카를 부신다.

등 뒤에 맨 징과 큰북은 한 발 한 발을 교대로 앞으로 찰 때마다 달린 채가 북과 징을 두들기면 '쿵쿵 칭칭' 하면서 큰소리를 낸다. 그렇다면 그가 사용하는 북과 징 그리고 하모니카와 예배 시에 사용하는 사물은 무엇이 다른가? 아이러니가 아닐 수 없다! 우리 같은 죄인도 구속救贖의 은혜를 받으면 하나님의 도구로 사용 받는 데, 악기는 구속 받아서 왜 교회당에서 사용하지 못할까?

악기뿐 아니라 찬송가도 그렇다. 예를 들어, 한국 신자들이 가장 좋아하고 잘 부르는 "어메이징 그레이스"Amazing Grace, 나 같은 죄인 살리신 (새찬송 305장)는 독일 술집에서 부르는 노래에 노예선奴隸船에서 허랑방탕한 생활을 하다가 하나님의 은혜로 극적인 회심을 한 존 뉴턴John Newton이 쓴 가사를 붙인 찬송이며, "시온성과 같은 교회"새찬송 210장도 독일의 민요National anthem에 성聖 가사를 붙인 찬송이다.

열거하자면 한두 가지가 아니다. 소시니 리아우Sosene Le'au는 그의 책『당신의 문화로 그리스도를 존귀케 하라』에서 상황화 예배Contextual Worship를 논하면서 모든 문화적인 요소들은 구속의 은혜 안에서 하나님을 찬양하는 데 사용될 수 있다고 주장한다.[20]

한 가지 특이한 사실을 더 언급하자면, 우리나라의 전통 민요 "아

20 소시니 리아우,『당신의 문화로 그리스도를 존귀케 하라』현문신 역(서울:예수전도단, 1997).,p.52.

리랑"은 세계 사람들이 '가장 아름다운 노래'라고 극찬하는 민요다. 그런데 북미 교회에서는 이 곡을 구속救贖하여 할렐루야 송으로 예배 때 부른다.

나는 미국에서 유학을 마치고 돌아와서 W 교회에서 시작하여 지금도 예배 마지막 송영adoration으로 성도들과 함께 부른다. 어느 때는 성도들의 눈에서 흘러내리는 눈물을 볼 때가 있다.

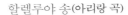

할렐루야 송(아리랑 곡)

하늘 아래 있는 사람들이나 악기들이나 모든 문화적인 것들은 구속救贖받으면 하나님의 영광의 도구로 쓰임 받을 수 있다!

지금까지 시편을 크게 두 부분으로 나눈 나머지, 먼저 하나님의 영원성, 위대하심에 초점을 맞추어 시편을 묵상했다.

　이제는 또다른 부분인 인간의 한계성과 무능에 초점을 맞추어 생각할 때다.

　영원하고 광대하신 하나님 앞에 있는 유한하고 나약한 인간! 말씀 속에 담긴 우리의 모습을 성찰하는 것은 유익한 일이 될 것이다.

3장

연약하고
제한된
인간

"Human being is mortal, God is immortal"이란 말이 있다. 직역하면, "사람은 죽고 하나님은 죽지 않는다."라는 말이다.

중국 진시황은 늙지 않기 위해 3천 명의 동남동녀를 삼신산에 보냈지만, 결국 늙고 죽는 길을 막지 못했다. 하이데거는 인간은 태어나면서 죽음을 향한 존재, 곧 끝을 향한 존재라고 말했다. 그는 죽음을 확실한 것으로, 죽음은 언제 죽을지 모르기 때문에 불확실한 것으로 그리고 누가 대신 맞아줄 수 없기 때문에 절대로 혼자 맞는 것으로 보았다.

로마 시대 전쟁에서 승리한 장군이 성대한 개선 행진을 할 때 바로 뒤에 노예 한 명을 세워 놓았다고 한다. 그 노예의 임무는 장군에게 계속 같은 말을 하는 것이다.

"모멘토 모리Momento mori!, 모멘토 모리Momento mori!"

"당신도 죽는다는 것을 기억하라!"

그 누가 힘이 있어 늙음을 막을 수 있고 죽음을 막거나 피할 수 있는가? 성경은, 인간을 죽음으로 한정된 존재로(강건하면 70-80세: 시 90:10) 그리고 그 한계는 하나님이 정하셨다고 말씀한다. 만일 인간 스스로 한계를 정할 능력이나 자격이 있다면 그야말로 무한정 늘릴 것이다.

어떤 이는 늙음을 탄식하는 "탄노가"歎老歌를 지어 불렀다.

한 손에 막대 잡고 또 한 손에 가시 쥐고

늙는 길 가시로 막고 오는 백발 막대로 치려터니

백발이 제 먼저 알고 지름길로 오더라.

지구가 태양 둘레를 몇 번 돌면 돌수록 머리칼은 희어지고 육체의 힘은 쇠하여 가고 얼굴에는 주름이 깊이 잡힌다. 그러고는 관 속에 잠깐 누웠다가 흙으로 돌아간다. 그렇다면 지구가 태양 주위를 몇 번 도는가는 별 차이나 의미가 없다. 오로지 의미가 있다면 하나님을 경외하고 기뻐하는 것이다!

1. 허사와 그림자인 인간

주께서 나의 날을 한 뼘 길이만큼 되게 하시매 나의 일생이 주 앞에는 없는 것
같사오니 사람은 그가 든든히 서 있는 때에도 진실로 모두가 허사뿐이니이다
(시 39:5)

나는 석양 그림자 같이 지나가고(시 109:23)

사람은 헛것 같고 그의 날은 지나가는 그림자 같으니이다(시 144:4)

모든 것은 Vanity, 허무虛無요 공空[1]이다. 그림자는 실체가 아니다.
우리 모두는 그림자 같은 허무한 존재다. '여기 있지만', 긴 안목으로
보면 '없다'. 우리 뒤에 오는 자들은 우리가 앉아 있던 자리를 알지 못
한다.

이태리 밀라노 대성당에는 세 개의 아치문이 있다. 첫 번째 문에
는 아름다운 장미가 조각되어 있고, 그 밑에는 "기쁘게 해 주는 그 모
든 것은 잠시뿐이다."라고 기록되어 있다. 두 번째 문에는 십자가가
새겨져 있고, 그 밑에는 "우리를 고통스럽게 하는 슬픔도 잠시뿐이
다."라고 기록되어 있다. 세 번째 문에는 동그라미가 새겨져 있고, 거

---

1   앞에서도 언급했지만, 삶이 허무하다는 것을 아는 것은 허무주의(nihilism)가 아니라.
    허무한 줄 모르고 사는 것이 허무주의다.

기에는 "오직 영원한 것만이 중요할 뿐이다."라고 기록되어 있다고 한다.

나는 어릴 적에 동네 아이들과 함께 그림자밟기 놀이를 했다. 나의 그림자를 밟히지 않기 위해 요리 저리 피하면서 다른 아이들의 그림자를 밟기 위해 안간 힘을 썼다. 하지만 다른 이이들의 그림자를 밟거나 간혹 내 그림자를 밟힐 적에도 아프거나 다른 어떤 느낌이 없었다. 그림자는 나와 그들의 실체가 아니기 때문이다. 따지고 보면, 그림자밟기 놀이 자체도 그림자shadow[2]에 불과했다.

내가 잘 아는 성결 교단 총회장을 지내신 C 목사님 아들이 버스를 타고 어딘가를 향해 가고 있었다. 그 버스는 무슨 일인지 "쿵!" 하는 소리를 내더니 갑자기 뒹굴고 말았다. 다행히 버스는 낭떠러지 아래로 떨어지지는 않았는데, 구조를 받고 버스에서 나와 보니 버스와 낭떠러지 사이는 꼭 한 뼘 넓이였다. 그래서 그는 그 자리에서 말씀을 떠올렸다고 한다.

"한 뼘 길이만큼 되게 하시니 …"

아내는 석양의 시간을 좋아한다. 고즈넉하고 한편 경건한 탓일까?

---

2 융 심리학에 의하면, 내 개인적인 생각에, 우리 안의 그림자(shadow)는 울고 있을 수 있다. 그림자가 운다는 것은 "내 안의 원치 않는 나"로 인하여 탄식하는 것을 의미한다.

그러면서 내게 가끔 말하곤 한다.

"우리가 인생의 석양에 머물고 있기 때문일 거예요!"

그렇다! 어느새 우리는 인생의 석양에 머무르고 있다.

찬란한 해가 서산으로 넘어가거나 바다 속으로 떨어져 침묵에 잠기면 석양의 그림자 역시 온데간데없어진다! 아무리 찾으려고 해도 찾을 수 없다!

그림자 같은 삶도 길어 봤자 한 뼘 길이다!

2. 험악한 세월을 보내는 인간

야곱이 바로에게 아뢰되 내 나그네 길의 세월이 백삼십 년이니이다 내 나이가
얼마 못 되니 우리 조상의 나그네 길의 연조에 미치지 못하나 험악한 세월을
보내었나이다(창 47:9)

믿음의 조상 야곱은 그야말로 치열한 삶을 살았다.

형의 궁지를 이용하여 팥죽 한 그릇에 장자 생득권birthright을 갈취
한 일, 그와 관련하여 아버지의 축복을 받기 위해 아버지를 속인 일,
형의 분노를 피해 도주하던 중 벧엘에서 하늘 문이 열린 것을 본 일,
삼촌 라반에게 속임 당한 일, 얍복강의 처절한 씨름과 환도뼈가 부러
져 절룩거리며 산 일, 하나님과의 약속을 어기고 숙곳으로 갔다가 딸
디나가 강간당한 일과 주변 민족들의 복수의 칼로 말미암아 두려움에
떤 일, 특히 사랑하던 아들 요셉을 잃어버린 일 등, 실로 야곱은 험악
한 세월을 살다 간 사람이다. 물론 종국에는 이스라엘이 되었지만.

시편 기자모세는 "우리의 연수가 칠십이요 강건하면 팔십이라도 그
연수의 자랑은 수고와 슬픔뿐이요."(시 90:10)라고 고백한다.

아무리 잘 산다 한들, 우리는 죽음의 한계를 극복하지 못하며, 삶

은 수많은 고난과 슬픔으로 점철된다. 그러니 뽐내고 자랑할 것이 무엇이 있는가?

3. 탄식으로 보내는 삶

내 일생을 슬픔으로 보내며 나의 연수를 탄식으로 보냄이여(시 31:10)

바로왕 앞에 선 믿음의 족장 야곱은 조상들의 연수에 미치지 못하는 130년의 나그네 삶을 보냈지만 그 삶은 '험악한' 세월이었다고 고백했다(창 47:9).

적나라하게 펼쳐 본다면, 우리의 삶은 슬픔에 젖어 있고 탄식에 물들어 있다. "으앙~" 하고 울면서 태어나고 "아이고~" 하는 통곡을 들으면서 짧은 생을 마감한다. 그 둘 사이에서 우리는 얼마나 많은 슬픈 일과 마주치는가?

슬픔의 눈물은 우리 삶을 젖은 담요blanket처럼 축축하게 적시고 눅눅하게 하지만, 그보다 더한 탄식은 우리의 삶을 까맣게 물들인다. 죄로 인한 탄식, 죄의 열매인 질병과 고통으로 인한 탄식, 실패와 배

신으로 인한 탄식, 상실과 후회로 인한 탄식 등 헤아릴 수 없는 수많은 탄식이 우리 영혼을 불사르고 침울하게 한다.

하지만, 긍휼하신 하나님은 우리 눈물을 '주의 눈물 병'에 담으시고(시 56:8) 우리 탄식에 귀를 기울여 주시며(시 38:9) 탄식하는 자의 이마에 구원의 표인침를 주신다(겔 9:4).

더 놀라운 것은 성령 주 하나님께서 우리를 위하여 친히 '탄식'하시며 우리를 위해 하나님께 간구intercession prayer하신다(롬 8:26).

짧은 나그네 삶을 사는 동안 쉬지 않고 흘러내리는 눈물과 탄식은 주님이 다시 오시고 새 예루살렘이 이 땅에 내려올 때에 다 달아날 것이다.

> 보라 하나님의 장막이 사람들과 함께 있으매 하나님이 그들과 함께 계시리니 그들은 하나님의 백성이 되고 하나님은 친히 그들과 함께 계셔서 모든 눈물을 그 눈에서 닦아 주시니 다시는 사망이 없고 애통하는 것이나 곡하는 것이나 아픈 것이 다시 있지 아니하리니 처음 것들이 다 지나갔음이러라 _ 계 21:3-4

4. 풀과 같은 인생을 사는 인간

주의 목전에는 천 년이 지나간 어제 같으며 밤의 한 순간 같을 뿐임이니이다
주께서 그들을 홍수처럼 쓸어가시나이다 그들은 잠깐 자는 것 같으며 아침에
돋는 풀 같으니이다(시 90:4-5)

내 날이 기울어지는 그림자 같고 내가 풀의 시들어짐 같으니이다(시 102:11)

인생은 그날이 풀과 같으며 그 영화가 들의 꽃과 같도다(시 103:15)

여가를 때우느라 밭에 고추와 여러 작물을 키우시는 우리 교회 어
떤 권사님이 이런 말씀을 하셨다.

"밭에서 자라는 풀들을 힘겹게 뽑고 돌아서면, 풀들은 '머리에 수
건을 두른 아주머니가 갔다.' 하면서 곧 땅속에서 솟아나온다."

부지런히 뽑아도 줄곧 나서 자라나는 것이 풀이라는 것이다.

그러나 풀이 제 아무리 힘차게 돋아나도 한낮의 태양이 작열하면
시들고 마른다. 그 순수하고 아련한 들꽃의 영화도 마찬가지다.

들꽃은 참으로 아름답다. 우리 부부는 모든 꽃보다 들꽃을 좋아하
고 사랑한다. 유안진은 들꽃의 향기를 아는 분이시다.

들꽃 언덕에서 알았다

값비싼 화초는 사람이 키우고

값없는 들꽃은 하나님이 키우시는 것을

그래서 들꽃의 향기는 하늘의 향기인 것을

그래서 하늘의 눈금과 땅의 눈금은

언제나 다르고 달라야 한다는 것을

들꽃 언덕에서 알았다

그러나 그렇게 아름답고 향기로운 들꽃의 영화는 아쉽게도 그리 오래가지 못한다. 피었다가 곧 시들고 만다. 참으로 애석한 일이다!

내가 지금까지 하나님의 은혜로 목회하는 동안 그렇게 울면서 기도한 적은 이전에 없었다. 우리 교회 성도들이 "목사님, 이제 그만 우세요!" 하며 안타까운 심정을 토로할 정도였다. 너무나도 해맑고 착실하고 믿음 생활 잘하며 나의 목회에 적극 협력하던 젊은 여종이 교통사고로 유명을 달리했던 것이다. (사실 개인적으로 장로감으로 생각했을 정도였다.)

가족 나들이를 마치고 귀가 하던 중, 젊은 청년이 음주 운전으로 몰던 차가 남편이 운전하던 승용차를 측면에서 들이받았는데, 나머지 가족들은 경미한 부상만 입었지만 이 집사님은 머리를 크게 다친 것이었다.

밤 11시경에 서울 분당병원으로 달려가니 담당 의사는 뇌사 판정을 내린 후, "오늘 밤을 넘기기 어렵습니다. 마음 준비를 하십시오!"
라고 했다. 청천벽력 같은 소리였다!

그렇게 해서 아끼고 사랑하던 이 집사님은 결국 우리 곁을 훌훌 떠
나셨다. 지금은 교회 뒷산 가족 장지에서 편히 쉬고 계신다. 나는 또
한 번 말씀을 떠올렸다.

내 날이 기울어지는 그림자 같고 내가 풀의 시들어짐 같으니이다
_ 시 102:11

인생은 그날이 풀과 같으며 그 영화가 들의 꽃과 같도다 _ 시 103:15

우리 인생은 풀과 들꽃과 같다!

5. 다시 돌아오지 않는 바람 같은 인간

그들은 육체이며 가고 다시 돌아오지 못하는 바람임을 기억하셨음이라
(시 78:39)

바람에는 여러 종류가 있다. 마파람남풍, 갈바람남서풍, 샛바람동풍, 높새바람, 하늬바람가을바람, 서풍, 꽃샘바람, 황소바람, 솔바람, 실바람, 산들바람 등 이 이외에도 이름과 종류가 무수할 뿐 아니라 강도強度도 제 각각이다. 하지만 공통된 점 한 가지가 있다. 그것은 불고 지나가면 다시 돌아오지 않는다는 것이다. 인생도 이와 같다. 한번 지나가면 되돌아오지 않는 것이 인생이다.

바람은 다시 되돌아올 수 없는 것이기도 하지만, 붙들어 둘 수도 없는 것이다. 다윗은 죽을 날이 임박하자(붙들어 둘 수 없었다!) 아들 솔로몬에게 당부했다.

내가 이제 세상 모든 사람이 가는 길로 가게 되었노니 너는 힘써 대장부가

실로 죽음은 고독한 길, 연기할 수 없는 길, 돌아올 수 없는 길이다. 지나가는 바람처럼.

내가 고등학교 3학년 때의 일이다. 학생회 부회장이었던 P 양은 믿음이 좋고 성품이 온화할 뿐 아니라 성실한 신앙인이었다. 내가 학생회실에서 밤을 새워 일하면 새벽 2시쯤 되었는데도 땅콩과 과자와 과일을 준비해서 어둠을 뚫고 달려왔다. 집이 교회에서 가까운 탓만은 아니었을 것이다. 그녀를 포함하여 만든 사중창단은 교회 안팎으로 열심히 활동했다. 그녀는 다니는 학교에서 장학생이었다. 모든 학생은 P 양을 선망했다.

어느 수요일 저녁 예배를 마치고 교회 정문을 나서면서 그녀는 내게 "회장님, 안녕히 가세요, 토요일 학생 예배 때 만나요!" 하고 친절히 인사하고 헤어졌다. 그런데 다음 날 아침, 사촌 여동생이 달려와서 "언니가 죽었어요!" 하는 것이 아닌가? 달려가 보니, 이미 차디찬 시신이 되어 관 속에 안치되어 있었다. 언니가 외출하면서 집을 좀 봐 달라고 부탁했는데, 언니 집에서 밤늦게 공부하다가 조는 도중 연탄가스에 중독되어 사망한 것이었다.
우리 학생회 회원들은 큰 충격에 빠졌다. 학생회 임원들은 3년 개

근을 포기하고 장례식 날 상가喪家에 모였다. 나는 눈물로 기도하면서 부르짖었다.

"하나님 돌려주세요! 하나님은 능력이 있으시잖아요! 너무 아까운 딸이에요!"

그러나 하나님은 그녀를 돌려주시지 않았고, 그녀는 바람처럼 다시 되돌아오지 않았다. 부산대 교육대학원에 들어가서 훌륭한 교사가 되겠다는 그녀의 꿈은 산산조각이 났다. 피지도 못한 꽃을 하나님은 왜 꺾어 가셨는지 알 수 없었다. 돌아오지 않는 그녀는 지금도 철마산 차디찬 땅속에 누워 있다. 우리 친구들이 세워 준 비석에는 다음과 같은 비문이 새겨져 있다.

그대가 있어
참으로 행복하였네라.
이 낯선 땅에서 고이 잠들라.
우리 다시 천국에서 만날 때까지.

바람같이 우리 곁을 떠나간 이들이 한두 사람인가? 우리의 사랑하는 남편, 아내, 자식, 친척, 친구, 성도들 중에 우리보다 일찍 아스라이 떠난 자들이 얼마나 많은가? 가슴을 치고 땅을 치며 통곡하는 울음소리를 외면하듯 먼 지평선 너머 훌쩍 떠날 때마다 우리의 가슴을 쓸어내릴 때가 한두 번이었는가?

그러나 우리 역시 이 땅에 영원히 발붙일 사이 없이 바람처럼 훌쩍 떠날 터이니, 바람 불어 올 날을 대비하며 사는 것이 지혜가 아니겠는가?

6. 한 뼘 인생을 사는 인간

주께서 나의 날을 한 뼘 길이만큼 되게 하시매 나의 일생이 주 앞에는 없는 것과 같사오니 사람은 그가 든든히 서 있는 때에도 진실로 모두가 허사뿐이니이다(시 39:5)

영원한 시간에 비하면 우리 일생이 점하는 시간은 순간에 불과하다. 한 점도 안 되는 순간일 뿐 아니라 그 길이는 한 뼘도 안 된다. 그런 찰나적인 존재가 자랑하며 의시대고 뽐낼 일이 무엇이 있는가?

오래 전 일이다. 내가 아는, 교단 총회장을 역임하셨던 경건한 L 목사님의 아들이 타고 가던 트럭이 지뢰를 밟아 뒤집혔다. 간신히 살아 나온 아들이 뒤집힌 트럭에서 기어 나온 후, 한 뼘만 더 나아갔다면 트럭과 함께 자신과 일행은 깊은 낭떠러지로 추락할 뻔 했다는 사실을 알았다. L 목사님의 아들은 바로 그 순간 이 말씀을 기억해 내고 하나님을 더욱 신뢰하게 되었다고 한다.

"인생은 한 뼘 길이다!"

7. 입김과 속임수 같은 인생

아, 슬프도다 사람은 입김이며 인생도 속임수이니(시 62:9)

입김처럼 가벼운 것이 어디 또 있을까? 입김은 입속에서 나오자마자 흔적도 자취도 없이 이내 사라져 다시 찾을 수 없는 환영幻影같은 존재다.

한겨울, 손이 꽁꽁 얼어붙어 "호~!" 하고 불면 입김은 잠시 손을 따뜻하게 해 주고는 어디론가 흔적도 없이 사라져버린다.

나는 길거리를 지날 때 걸어가는 사람들을 보면서 '저기 안개가, 입김이 지나가는 구나.' 하고 생각하곤 한다. 모두들 한껏 꾸미고 뽐내고 다니지만, 모두가 한순간의 안개와 입김에 불과하다. 값비싼 화려한 옷을 입고 우쭐대지만, 부러워할 것은 아무것도 없다. 모든 사람이 부러워하는 빛나는 자리에 앉아 있지만, 그 자리도 잠시 후면 텅 비어 있다. 고관대작高官大爵도 궁전 같은 화려한 집도 명예도 다 안개와 입김일 뿐이다!

여느 사람들은 마치 영원히 살 것처럼 아등바등 살아간다.

땀 흘려 모으고 쌓고 성취하고 한껏 누려도, '죽음은 모든 것을 제로zero로 만드니 결국 속는 것'이 아닌가? 고 이성봉 목사님이 부른 "허사가"虛事歌는 이렇게 노래한다.

세상만사 살피니 참 헛되구나   부귀공명 장수는 무엇하리요
고대광실 높은 집 문전옥답도   우리 한 번 죽으면 일장의 춘몽(1절)

인생 백년 산대도 슬픈 탄식뿐   우리 생명 무언가 운무로구나
그 헛됨은 그림자 지남 같으니   부생낭사 헛되고 또 헛되구나(12절)

그러니 무엇을 자랑할까? 자랑할 것은 오로지 여호와와 여호와는 사랑과 정의와 공의를 땅에 행하는 자인 것을 아는 것(시 34:2; 사 41:16; 렘 4:24)과 십자가에 달리신 예수님과 십자가뿐이다(갈 6:14; 빌 3:3).

8. 먼지와 티끌 같은 인간

주께서 사람을 티끌로 돌아가게 하시고(시 90:3)

이는 그가 우리의 체질을 아시며 우리가 단지 먼지뿐임을 기억하심이로다
(시 103:14)

하나님은 우리 인간을 먼지[3]로 지으셨다(창 2:7). 그래서 죽은 후에는 다시 본래의 먼지로 돌아간다.

한낱 먼지에 불과한 자들이, 조금 부풀려 말한다 할지라도 파스칼의 말에 의하면 우주의 벌레들이 "하나님은 없다."There is no God라고 말하는 것(시 14:1)은 얼마나 어리석은 소치인가! 하늘에 계신 이가 비웃으신다(시 2:4)!

얼마 전, 사랑하는 어머니가 소천하셨다. 어머니는 불 속에 들어가는 것이 싫다고 하시면서 화장火葬하지 말고 매장해 달라고 부탁하

---

3 '흙'의 본문은 '아파르'(עָפָר,먼지)다.

섰다. 하지만 경제적 형편이 여의치 못해 부탁을 들어드리지 못하는 불효를 저질렀다! 지금도 생각하면 어머님께 죄송하고 가슴이 저미어 온다.

하지만 매장이나 화장이나 별 차이가 없다. 우리 인생은 한번 가면 다시 먼지로 되돌아간다. 먼지에서 왔으니 먼지로 환원되는 것이 운명destiny이다.

하지만 우리 앞에는 찬란한 부활의 아침이 예비되어 있다. 예수님께서 잠자는 자들의 첫 열매이시므로(고전 15:20) 그분에게 붙은 우리 모두는 죽지 않는 몸, 신령한 몸Spiritual body을 입고 하나님의 장막에서 하나님과 함께 영원히 살 것이다(계 21:3).

보고 싶은 어머님과 앞서 간 모든 성도의 영광스런 얼굴을 볼 날도 그리 멀지 않다!

마라나타! 주여 오소서.

9. 하나님과 함께하는 나그네

나는 주와 함께 있는 나그네이며 나의 모든 조상들처럼 떠도나이다(시 39:12)

안이숙의 『나그네』에서 발취한 글이다.

당신은 나그네예요. 이 세상은 당신의 고향이 아니에요. 언젠가 그때가 되기만 하면, 젊든지 건강하든지 병들었든지 홀쩍 이 땅에서 없어지는 거예요. 당신을 세상에 가라고 보내신 분이 오라 하시면 애원을 해도 탄원을 해도 소용이 없답니다. 그저 가는 거예요. 그저 없어지는 거예요. 떠나간다는 말이에요. 죽는다는 거예요. 나그네가 뭘 그렇게 모으는 거요? 무얼 그렇게 숨기고 쌓아 놓고 저축하는 거예요? 무얼 하려고 아끼고 빼앗고 감추는 거예요? 나그네! 떠나가는 당신인데, 다 두고 당신 혼자서 떠나야 하는데 하나도 못 가지고 가는 것들인데, 기억하세요. 당신은 나그네란 말이에요.

우리 모두는 나그네요 천성을 향해 순례하는 순례 백성pilgrim people

이다.

　나그네, 순례자는 몸차림이 가벼워야 한다. 무거운 것을 지고 간다면 고달프기 짝이 없다. 세상에 붙은 욕심의 두꺼운 옷을 벗어던지고 가벼운 차림으로 나그네 길, 순례길을 걸어가야 한다.

　수의壽衣에는 호주머니가 없다. 공수래공수거! 빈손으로 왔다가 빈손으로 간다. 나는 불신자 집에 장례가 났을 때, 하관 후에 노잣돈을 넣는 것을 보았다. 그러나 죽은 자가 노잣돈을 쓸 수 있나? 흙에 파묻혀서 썩어 없어질 뿐이다!

　믿음의 조상들이 '장막'tent에 살았다고 하는 성경말씀은 이 세상이 우리가 영원히 거처할 곳이 못 된다는 뜻이다. 우리는 잠시 머물 장막을 치고 다니는 나그네 인생을 살아간다.

　그런데 놀라운 사실이 있다. 우리 홀로 나그네 길에 두지 않으시고, 하나님께서 나그네 길에 '동행'하신다는 것이다(시 39:12)! 우리 홀로 나그네 길을 걸으면 위험하고 때로는 곤비하여 넘어질 때가 있겠지만, 하나님께서 동행해 주고 계시니 겁낼 것 없다.

　출애굽한 이스라엘이 약속의 땅을 향해 갈 때 낮에는 구름기둥,

밤에는 불기둥[4]으로 그들을 보호하셨는데(출 13:21-22; 느 9:9 이하; 시 78:12 이하) 이는 하나님의 동행이 아니고 무엇인가?

다윗은 하나님의 동행을 여실히 고백하고 있다.

내가 사망의 음침한 골짜기로 다닐지라도 해를 두려워하지 않을 것은 주께서 '나와 함께 하심이라' _ 시 23:4

주님도 "내가 세상 끝날까지 너희와 항상 함께 있으리라."(마 28:20)고 이렇게 약속하셨다. 그러니 우리는 하나님과 동행하는 나그네들이다!

우리의 나그네 길에 안전 표지판이 세워져 있다.
"주와 함께하는 나그네!"

---

4   쉐키나(Shekinah): 하나님이 자기 백성과 함께함을 나타내는 말.

지금까지 간략하나마 영원불변하시고 전지전능하신 주 하나님과 그 분 앞의 인간, 한계와 무능을 지닌 인간의 모습을 묵상했다.

앞에서 언급한 바와 같이 시편은 크게 이 둘로 나누어진다. 이와 같은 프레임을 가지고 묵상할 때, 우리는 더욱 주 여호와 하나님을 경외하며 찬양드릴 수 있다.

이 프레임을 조금 비껴 나가서, 비록 밤의 한 경점 같은 인생을 사는 나그네지만, 이 나그네 인생길을 복되게 하시는 하나님의 약속을 음미하는 것은 도움이 될 것이다.

4장

복 있는
자

하나님은 복$_{Barak}$을 주시는 분[1]이시다. 비록 우리가 제한된 삶을 살지만, 그동안 하나님의 모든 계획과 목적은 우리가 항상 복을 누리게 함이다.[2] 영적인 복$_{spiritual blessing}$뿐만 아니라 형통과 물질의 복도 주시는 아버지시다.

구약성경의 믿음의 족장들에게 하신 약속의 말씀과 그들이 받은 후손과 땅과 물질의 복 그리고 신약성경의 복음서의 팔복$_{beatitudes}$을 위시한 서신의 영적인 복$_{spiritual blessings}$은 위의 사실을 증명해 준다.

이와 관련하여 우리가 생각해 볼 것이 있다. 무엇이 복 받은 부자

---

1 앞에서도 언급했지만, 하나님은 복의 비를 주시는 "비의 왕"(King of Rain)이다. 죄인이 돌아올 때 춤추시는 "춤의 왕"(King of dance)이기도 하다(눅 15).
2 존 헌터, 『하나님을 제한하지 말라』 권혁봉 역(서울: 생명의말씀사, 1978), p.20.

이며 그렇지 못한 가난뱅이냐 하는 것이다. 부자는 실상 가난한 자였고, 거지 나사로는 부한 자였다(눅 16:19-31). 돈과 재물을 많이 소유하고 있다고 해서 반드시 부자는 아니며, 돈이 없어 거지 생활을 한다고 해서 빈자는 아니다. 중요한 것은 소유한 것을 나누는 데 있고 나누는 마음에 있다. 부자는 하늘나라에 들어가기가 낙타가 바늘구멍으로 들어가는 것과 같이 '어렵다고' 하셨는데(마 19:23-24. "들어갈 수 '없다.'"라고 하시지 않았다!), 만일 몸집을 바늘구멍보다 작게 축소시키면 얼마든지 들어갈 수 있다.

거룩한 하나님의 백성은 땅의 것, 물질보다 영적인 복을 우선순위로 삼아야 한다. 마태는 심령이 가난한 자가 복이 있어서 천국을 소유한다고 말하지만(마 5:3), 누가는 가난한 자들이 복 있는 자로서 천국을 소유한다고 말한다(눅 6:20). 두 공동체의 상황이 달라서 각자 그렇게 말했겠지만, 많이 가져도 마음이 가난하면, 즉 소유에 집착하지 않고 그것을 상대화하며 나눠 주기를 한다면, 그는 복 있는 자임에 틀림없을 것이며, 비록 물질은 넉넉히 소유하지 못한 가난한 자라 해도 그는 하늘나라를 상속받을 자이기에 부자, 곧 복 있는 자다. 하늘나라만큼 큰 복이 어디 있겠는가?

1. 여호와께 피하는 자

여호와께 피하는 모든 사람은 다 복이 있도다(시 2:12, 34:8, 46:1)

하나님은 우리의 피난처시요 힘이시니 환난 중에 만날 큰 도움이시라(시 46:1)

우리가 인생을 살면서 위급한 때를 얼마나 많이 만나는가? 손쓸수 없는 위급한 일을 만나면 곧장 119를 부른다. 그러면 119 자동차는 "삐용~ 삐용~" 하는 요란한 소리를 내며 달려와서는 위기에 처한 사람을 바로 구조도 하고 응급한 환자는 병원으로 즉시 실어가기도 한다. 요즘은 사회적 시스템이 잘 되다 보니 사람들은 하나님을 찾기보다 먼저 119를 찾는다(물론 119만 찾거나 의지하는 것은 아니다).

미국 사회에는 피난처shelter가 마련되어 있어서 가정에서 남편의 폭행이나 구타를 감당하지 못하는 여성들이 이곳으로 피하면 나라에서 법적으로 그들을 보호해 준다. 우리나라에도 이런 쉘터(피난처)가 하루 속히 설치되었으면 좋겠다. 그래서 힘없는 여성들의 권익이 보호받고 폭력의 위협이 상존하지 않는 평안한 삶을 누리게 되었으면

한다. 남성 위주의 가부장제와 계급 구조hierarchy는 하루 속히 무너져야 한다. 그리고 남성들은 로버트 무어Robert Moore 교수가 말하는 대로 진정한 전사Warrior 에너지[3]를 찾아야 한다.

그런데 그 누구보다도, 그 어떤 법적 제도적 장치보다도 더 확실하고 안전한 피난처shelter는 만군의 주 여호와 하나님이시다. 앞에서도 언급했지만, 하나님을 부를 수 있는 응급전화는 333(렘 33:3)이다. 333을 부르고 하나님께로 달려가면 속히 오셔서 적절한 구조와 응급조치를 해 주시고 사후까지 돌보아 주신다. 우리의 안전 담보는 살아 계신 하나님이시다.

이스라엘의 초대 왕 사울은 하나님을 찾지 않고(피난처로 삼지 않고) 신접한 여인을 찾았다가 패망의 길을 걸었다(삼상 28:3-25). 하지만 다윗은 다급한 위기의 상황에서도 피난처가 되시는 하나님을 힘입었다(삼상 30:6).

주 여호와 하나님을 피난처로 삼는 자는 복 있는 사람이다!

---

3   제1장 "5. 전사이신 하나님"을 참조하라.

2. 의롭게 사는 자

여호와여 주는 의인에게 복을 주시고 방패로 함 같이 은혜로 그를 호위하시리
이다(시 5:12)

    나는 하나님의 은혜로 믿음 안에서 의롭게 사는 한 사람을 만났
다. 미국에서 유학을 마치고 돌아오는데, 딸들의 교육 문제가 대두되
었다. 미국의 교육 시스템과 환경을 접한 딸들은 미국에 남아서 공부
하기를 원했는데, 법적으로 미성년자 둘만 남겨둘 수 없었다. 기도
중에 아내가 출석하던 중앙감리교회 정홍 장로님께 부탁드렸다. (장
로님은 아들과 두 딸을 두셨다.) 장로님은 일주일 기도 시간을 달라고 하
시더니 기도 후에 맡아 주겠다고 쾌히 승낙하셨다. 그분의 집은 아주
넓고 방이 많아서 딸들을 위한 방도 내어 주시고 가족처럼 사랑해 주
시고 보호해 주시는 후견자가 되어 주셨다.

    매월 지출하는 집세가 십일조보다 많아서는 안 된다고 하시면서
(잡화 가게 수입의) 십일조를 더 내셨다. (미국에서는 집을 구입하고 저당

료mortgage를 낸다.) 우리가 매월 보내는 집세를 포함한 생활비는 도로 선교비로 보내셨다. 구제는 물론, 잡화 가게에는 고객들을 위해 항상 커피와 과일 그리고 스낵이 준비되어 있었고, 섬기는 교회에서는 새 가족이 오기만 하면 집으로 식사 초대하셨다. 어떤 새 가족은 정 장로님 내외를 목사와 사모로 착각하기도 했다.

정 장로님은 "목사님, 사모님! 언제든 우리 집이라 생각하고 오셔서 편히 지내세요!"라고 말씀하셨다.

그분은 권사님과 결혼 후 한 번도 큰 소리 내며 다툰 적이 없었다. 그분은 "성령 세례 받은 자가 무엇 때문에 다툽니까?"라고 말씀하셨다. 아내는 그분을 '작은 예수'라고 부른다.

살아 계신 하나님은 약속하신 말씀대로 두 분과 아들딸에게 크게 복 주시는 것을 지금도 보고 있다. 아들은 직장에서 승승장구하고 있고, 딸은 아버지를 닮아서인지 본인이 낳은 자식 말고도 불우한 아이 둘을 입양해서 잘 키우면서 중국에서 아이들을 가르치는 선교 사역을 하고 있다.

미국 LA에 살면서 교회에서는 존경받는 장로로, 사회에서도 신망과 존경을 받는 의사로 섬기고 있는 처조카 김홍식 장로(아내 역시 의사로 봉사하고 있다.)는 '김발장'(장발장을 생각게 한다.)으로 소문이 나 있다. 교회에서는 주의 종과 성도들을 지극한 정성으로 섬기며 충성하고 있고, 매년 부부가 가난한 나라들로 의료 선교를 떠나며, 치료비를 감당할 수 없는 입원 환자를 도와서 출원할 수 있게 해 주는 등 하나님의 종으로 의롭게 사는 모습과 그런 그와 그의 자녀들에게 살아 계신 하나님께서 엄청난 복을 내리시는 것을 지금도 목도하고 있다.

나는 하나님을 경외하고 의롭게 사는 자를 보았으며, 지금도 보고 있고, 약속하신 대로 그들에게 복 주시는 선한 손길을 보고 있다!

주 여호와 하나님은 의인에게 복을 주고 보호하신다!

3. 여호와를 의지하고 교만한 자와 거짓에 치우치는 자를 돌아보지 않는 자

여호와를 의지하고 교만한 자와 거짓에 치우치는 자를 돌아보지 아니하는 자는 복이 있도다(시 40:4)

첫째, 교만하지 않는 사람은 복 있는 사람이다.

하나님이 미워하시는 것들 중에 제일 싫어하시는 것은 교만이다(잠 6:16 이하). 하나님은 겸손한 자에게는 은혜를 주시지만(벧전 5:5), 교만한 자는 멀리서도 아시며 대적하시고(시 138:6), 엄중히 갚으시며(시 31:23), 욕되게 하시며(사 23:9), 낮추시고(시 18:27), 그가 사는 집을 허신다(잠 15:25). 실로 교만은 패망의 선봉이다(잠 16:18, 18:12). 라인홀드 니버Karl Paul Reinhold Niebuhr는 죄의 뿌리는 교만이라고 말했다. 혹자는 교만은 죄의 소굴로 들어가는 입구라고 말했다.

그러면 교만은 무엇인가?

교만은 '자기만족'Self sufficient이다. "나 자신만으로 충분하다."라고 주장하면서 도무지 하나님을 의지하지 않는다.

교만은 '자기중심적'Self centerdness[4]이다. 자신을 모든 것의 중심으로 두며 하나님을 외각으로 밀어낸다. 자기를 중심하여 세계를 재조직한다. 한 예를 들어, 이런 사람은 다른 사람들과 모이는 곳에서 대화를 지배하기도 한다. 경청은 섬김인데, 아예 다른 사람들이 하는 말을 경청하지 않는다.

교만은 '자기 우선'Self priority이다. 무엇이든지 내가 우선이며 하나님을 내 뒤에 둔다. 하기야 믿음이 없는 사람에게는 하나님이 아예 없다.

사울은 하나님께 묻지 않는 교만[5]으로 패망했고(대상 10:14), 다윗은 힘 있게 하나님을 의지하며(삼상 23:6, 30:6) 자신을 제거하기 위해 집요하게 추적하는 사울을 죽일 기회가 있었지만 하나님의 기름 부으신 자를 아꼈고(삼상 24:6, 26:9), 항상 '하나님께 물으며' 행동하는 겸손(삼하 2:1)으로 그와 그의 집안이 강하여 가는 은혜를 입었다(삼하

---

4 쿤켈은 자기중심성을 원죄에 관한 개념과 같은 의미로 본다, 이것이 바로 우리를 타락시키는 것으로 치료를 요하는 영적인 병이다. 존 A. 샌포드, 『영혼과 육체의 치유』 문종원 역(서울: 생활성서사, 1992), p.97.

5 묻지 않는 것은 앞의 세 항목에 해당한다. 역대기 기자는 한 마디로 사울의 패망을 하나님께 묻지 않는 교만으로 평가하지만, 이는 하나님을 하나의 수단으로, 하나의 방법으로 대우한 자기중심성과도 관련된다. 유진 피터슨, 『다윗: 현실이[뿌리박은 영성』 이종태 역(서울:IVP, 1999, p.42 참조. 블레즈 파스칼(Blaise Pascal)은 자신의 비참함을 모르고 하나님을 아는 것은 교만으로 이끌며, 하나님을 모르고 자신의 비참함을 아는 것은 절망으로 이끈다고 말했다. Paul Pettit (ed.), *Foundations of Spiritual Formation*(Grand Rapids,MI, Kregel Pub.).p.128.

5:10). 그는 여호와의 궤가 예루살렘성에 안치될 때, 왕복을 벗고 부끄러운 곳만 에봇으로 가리고[6] '노예의 자리'에서 힘껏 감사 찬양의 춤[7]을 추었다(삼하 6:4-15; 시 150:4). 그의 아내 미갈은 이런 다윗을 비판하다가 다윗의 총애를 상실하고 만다.

검은 수탉과 붉은 수탉이 있었는데, 둘은 친했다.

어느 날 그들이 사는 마을에 예쁜 암탉이 이사를 왔다. 검은 수탉은 예쁜 암탉을 사랑하게 되었다. 붉은 수탉도 암탉을 사랑하게 되었다. 그래서 그 둘은 원수가 되었다. 검은 수탉과 붉은 수탉은 구경꾼 닭들을 이끌고 넓은 마당으로 나갔다. 드디어 싸움이 시작되었다.

검은 수탉이 이겼고 붉은 수탉이 졌다. 붉은 수탉은 분통했지만 솔직히 패배를 인정했다. 붉은 수탉을 이긴 검은 수탉은 얼마나 신이 났는지 지붕으로 올라가 목을 곧추세우고 한바탕 노래를 불렀다.

검은 수탉의 노랫소리가 숲속의 독수리를 깨웠다. 독수리는 닭들이 지켜보는 가운데 검은 수탉을 낚아채 날아가 버렸다.

해질 무렵, 늑대 한 마리가 자신의 긴 그림자를 내려다보고 너무나 감격하여, "이처럼 덩치가 큰 내가 사자를 보고 두려워하다니, 세

---

6 성경은 그렇게 말씀하지 않지만, 다윗을 연구하는 역사가들은 그렇게 말한다. 『다윗 대왕』 참조.

7 예배식 무용(liturgical dance)의 기원으로 여긴다. 미국 휘턴대학교(Wheaton College)의 예배학 교수는 이 부분의 권위자시다.

상에 내 길이가 30m나 되잖아! 왕이 되어야지. 그래서 모든 동물을 다스릴 거야. 하나도 빼놓지 않고 내 부하를 만들 거야."라고 단단히 각오했다.

그러나 잠시 후 늑대는 사자의 날카로운 이빨에 콱 물려 있었다.

한 정자나무가 사람들에게 그림자 주는 것을 과시하고 교만했다. 이때 햇빛이 말했다.

"내가 햇빛을 주지 않는다면 그림자를 만들 수 없지. 나무야! 교만하지 말아라!"

교만에 치우치지 않는 자는 복 있는 자다!

둘째, 거짓에 치우치지 않는 사람은 복 있는 사람이다.

모든 거짓과 거짓말의 아비는 사탄 마귀다(요 8:44). 그러므로 거짓을 지어내고 거짓말을 하는 자는 사탄 마귀의 자식이다.

스콧 펙Scott Peck은 거짓말의 종류를 그 자체로서는 거짓이 아니지만 진실 가운데 중요한 것을 빼버린 백색 거짓말과 진실을 숨기고 거짓으로 한 말인 흑색 거짓말 두 가지로 나누어 말했는데, 그는 두 가지 모두가 해롭다고 말했다.

어떤 교회 목사님이 광고 시간에 다음과 같이 광고했다.

"다음 주일에 '거짓말하는 죄'에 대해 설교하려 합니다. 본문은 마가복음 17장으로 정하겠습니다. 가능하면 다음 주일 오실 때, 마가복음 17장을 읽고 오시면 좋겠습니다."

한 주간이 지나 주일 날 예배 설교를 하기 전, "오늘 마가복음 17장을 읽고 오신 성도들은 손을 들어 주십시오."라고 했더니 사람들 대부분이 손을 들었다. 그것을 보고 "여러분 감사합니다. 많은 분이 마가복음 17장을 읽고 오셨는데, 죄송하지만 마가복음은 16장까지밖에 없습니다." 하고 말했다고 한다.

오, 주님! 우리에게 겸손한 마음과 진실한 영을 주옵소서!

4. 가난한 자를 보살피는 자

가난한 자를 보살피는 자에게 복이 있음이여 재앙의 날에 여호와께서 그를 건지시리로다(시 41:1)

그가 재물을 흩어 가난한 자들에게 주었으니 그의 의가 영구히 있고 그의 뿔이 영광 중에 들리리로다(시 112:9)

하나님은 가난한 자, 병든 자, 소외된 자, 나그네를 자신과 동일시하셨다. 예수님 또한 그들(세리와 창기들까지도)과 자신을 동일시하면서 그들과 식탁 교제table fellowship를 통하여 하나님의 차별 없는 극적인 사랑dramatic love을 나타내 보이셨다(마 9:10-11). 그러므로 가난한 자를 돌보는 것은 하나님을 섬기는 것이며, 손님(특히 가난한 자)과 나그네를 영접하는 것은 하나님과 천사를 영접하는 것이다(히 13:2).

예수님은 시장에 나가서 하루의 노동력을 팔지 않으면 가족의 생계가 어려운 프투코스들을 사랑[8]하셨고, '헌금 궤에 넣는 가난한 과부

---

8 소돔이 멸망한 이유를 묻는다면 모든 그리스도인은 소돔과 고모라성이 성적으로 엄청나게 타락했기 때문이라고 대답할 것이다. 그러나 그것은 성경의 가르침 가운데 일부에 지나지 않는다. 에스겔은 하나님이 소돔과 고모라를 멸하신 한 가지 중요한 이유는 소돔이 재물을 가난한 자들과 함께 나누어 갖기를 완강히 거부했기 때문이라고

의 두 렙돈의 헌금이 부자들의 헌금'보다 더 많은 헌금이라고 말씀하셨다(눅 21:2-4). 야고보는 성전 예배에 참여하는 가난한 자들을 차별하는 것을 목도하고서는 심하게 책망했다(약 2:1-9). 하나님은 가난한 자들을 택하셔서 믿음으로 부요하게 하시고 하늘나라를 상속하게 하신다.

예수님은 희년의 맥락에서 세상에 오신 목적을 말씀하실 때, 제일 먼저 가난한 자들을 언급하셨다.

> 주의 성령이 내게 임하셨으니 이는 가난한 자에게 복음을 전하게 하시려고 내게 기름을 부으시고 _ 눅 4:18

그러므로 가난한 자들을 돌아보고 그들에게 재물을 흩어 나누어 주는 것은 하나님께 드리는 것이며, 자신들의 영광의 뿔을 높이는 첩경이다!

말한다(겔 16:49-50; 사 1:10-17).
이사야는 이스라엘이 여호와를 예배하면서 힘없는 자들을 억압했기 때문에 이스라엘을 비난했고, 이스라엘을 소돔과 고모라로 불렀다. 그들의 예배는 가난한 자들의 하나님을 우롱하는 것이었다. 성경에서는 가난한 자들을 무시하는 것은 불순종을 나타내는 표적이라고 거듭 말하고 있다.

5. 주의 뜰에 사는 자

주께서 택하시고 가까이 오게 하사 주의 뜰에 살게 하신 사람은 복이 있나이다
우리가 주의 집 곧 주의 성전의 아름다움으로 만족하리이다(시 65:4)

이스라엘 백성에게는 성전 예배[9]가 중심이었다. 성전 예배자들은 복 있는 자들이었다. 오벧에돔은 하나님의 언약궤를 모시고 예배를 잘 드려 큰 복을 받았고(대상 13:14), 궤가 예루살렘에 안치된 후 성전 문지기로 섬겼다(대상 15:18). 이 사실을 알았을까? 고라 자손은 성전 문지기라도 하나님의 전殿을 섬기는 것이 얼마나 큰 복임을 고백하고 있다.

주의 궁정에서의 한 날이 다른 곳에서의 천 날보다 나은즉 악인의 장막에

사는 것보다 내 하나님의 성전 문지기로 있는 것이 좋사오니 _ 시 84:10

---

9   유진 피터슨은 성소의 영성이 그리스도인 삶의 근본적인 영성이라고 말한다. 유진 피터슨, p.93.

예배는 영성 생활의 핵심[10]인데, 오늘날 주일 예배당에서 주를 경배하는 것이 얼마나 큰 복인가를 깨달으면서 예배드리는 자는 얼마나 될까? 주일土日은 말 그대로 주님의 날Lord's day인데, 자기 날로 삼는 자들, 자기 길을 걷는 자가 얼마나 많은가? 주일 성수에 따른 복을 애써 외면하면서 ….

> 만일 안식일에 네 발을 금하여 내 성일(聖日)에 오락을 행하지 아니하고 안식일을 일컬어 즐거운 날이라, 여호와의 성일(聖日)을 존귀한 날이라 하여 이를 존귀하게 여기고 네 길로 행하지 아니하며 네 오락을 구하지 아니하며 사사로운 말을 하지 아니하면 네가 여호와 안에서 즐거움을 얻을 것이라 내가 너를 땅의 높은 곳에 올리고 네 조상 야곱의 기업으로 기르리라 여호와의 입의 말씀이니라 _ 사 58:13-14

주일은 내 날이 아니라 거룩하신 하나님의 날인 성일聖日이요 존귀한 날이다. 칼 바르트Karl Bart는 주일을 성수聖守하는 자가 하나님의 창조를 믿고 고백하는 자라고 말했다. 즉, 주일을 성수하지 않는 자는 하나님의 창조를 믿지 않는 자라는 뜻이다.

몰트만Moltmann은 "안식일은 참 되신 하나님을 알지 못하고 무시하

---

10 Paul Pettit, p.51.

는 모든 이방 종교에 대한 책망과 견책이다."라고 말했고, 하비 젤리
Harby Jelly는 "불신앙은 안식일의 요구를 무시하고, 탐욕은 안식일이
매주 돌아오는 것을 싫어한다."라고 말했다.

윌리엄 블랙스톤William Blackstone은 "도덕의 부패는 안식일의 세속
화에 뒤따른다."라고 말했고, 드와이트 무디D. Moody는 "안식일을 포
기한 국가를 내게 보이라. 나는 쇠퇴의 씨앗을 가진 국가를 보이리
라."고 말했다.

프랑스는 안식일을 잊고 예배하는 대신 다른 것을 숭배했을 때,
나폴레옹의 칼날 앞에 무릎을 꿇었다. 영국이 안식일을 잊었을 때,
히틀러의 군사들에 의해 피를 흘렸다.

미국의 연방 수사국장 에거드 후버John Edgar Hoover는 미국 어린이
들의 구원을 위해 교회에서 주일을 지킬 것을 다음과 같이 요구했다.

> 법을 시행하는 FBI 국장인 나는 어린이들이 자기들의 근원적인 대상인 하나님
> 을 예배드리는 것을 잊는다면, 우리나라의 근본적인 죄가 줄어들 희망이 없다고
> 생각한다.

주일에 일으킨 전쟁은 성공하지 못했다.

1. 1939년 9월 8일, 히틀러가 폴란드를 공격했으나 실패했다.

2. 1813년 10월 17일, 나폴레옹이 주일에 전쟁을 일으켰다. 그러나 2년 뒤인 1815년 6월 18일에 항복하고 세인트헬레나섬에 유배당했다.
3. 1941년 12월 8일, 일본이 주일에 하와이 진주만을 공격했으나, 1945년 8월 15일에 무조건 항복했다.
4. 1950년 6월 25일 주일 새벽, 김일성이 남침했으나 실패했고, 그 죄로 목에 혹 하나 달고 다니다 죽었다.

주일을 어기면 복을 잃는다. 예를 들어, 필라델피아 애슬레틱스 Philadelphia Athletics 야구팀의 몰락이다. 필라델피아주의 최강 팀인 애슬레틱스는 아메리카 리그전에서도 여러 차례 우승을 거둔 바 있다. 이때 필라델피아에서는 주일에 야구 시합을 하는 것을 법으로 금지시켰다. 이에 그 야구팀의 감독 겸 구단주인 "코니 맥" 씨가 주 의회에 찾아가 주일에 시합하지 않으면 팀이 파산할 수밖에 없다고 항의했다. 결국 그는 많은 돈을 써서 이 법을 폐기시켰다. 그러나 그 이후 그 팀은 한 번도 우승하지 못하고 최하위를 맴돌다가 마침내 파산하고 말았다.

그와 반대로, 주일을 성수하는 자들에게 하나님은 복을 주신다. 예를 들어, 춘천 석정 갈비집을 경영하는 권사님은 "주일은 쉽니다!" 라는 결단을 내리지 못해 기도하면서 일 년을 갈등하며 싸웠다. 그런데 지금은 주일에 문을 닫고 있는데도 여는 집보다 장사가 훨씬 잘 되고 있다.

사토요베는 주일이 되면 문에 "주일에는 휴업합니다."라고 써 붙여 놓고 가게 문을 닫아걸고 장사를 하지 않는다. 그리고 그의 집 벽에는 "우리 집에는 술을 팔지 않습니다."라는 글을 여기저기 써 붙여 놓고 장사한다. 물론 처음에는 장사에 큰 지장이 있었다. 들어왔다가 그냥 나가는 사람들도 있었다. 그러나 그 가게는 정직과 성실이 인정되어 질 좋은 음식으로 사람들의 공감을 일으키면서 장사가 잘 되는 집으로 소문나게 되었다. 나중에는 12개 지점이 생기고, 지금은 큰 목장도 인수해 직접 운영도 하는 아주 큰 부자가 되었다. 그 부부는 늘 사람들에게, "주일은 제가 영양을 공급받는 날이므로 모든 일을 중지하고 영혼의 양식을 받으러 가는 일에 주력합니다."라고 고백한다.

청주지방법원의 김영주 판사는 28세 된 청년으로, 믿지 않는 어렵고 평범한 집안에서 혼자 교회를 다녔다. 서울 신림동에서 고시 생활을 하면서 교회의 장애우 교사로 섬겼다, 한 시간이 고시생들에게 얼마나 중요한가? 그런데 서울에서 인천 주안장로교회까지 주일을 온전히 지키면서 교사로 봉사했다.

학교도 명문대학교 출신이 아니었다. 인하대학교 출신이다. 몸무게가 7kg 줄어들 정도로 심적으로 육적으로 힘든 나날들이었다. 그러나 "주일을 지키고 봉사하면서도 고시에 합격하여 하나님의 살아 계심을 증거하게 해 주세요!"라고 기도드리며 시간의 십일조를 드리면서 구별된 삶을 살았다. 밥 먹는 시간을 줄이고, 화장실 가는 시간을 줄이기 위해 물을 적게 마시면서 평일에 모든 것을 감당하며 살려고 노력했다. 그의 삶은 하나님의 백성으로서 철저하게 구별된 삶이었다. 결국 하나님께서 그에게 판사의 길을 열어 주셨다.

이들 외에도 주일을 성수하며 복 받은 사람들을 열거하자면 지면이 부족할 정도다.

마지막으로, 주일을 성수하면 건강해지고 장수한다.

미국 존스 홉킨스 대학교 교수 조지 W 홈스탁 박사는 그의 조사 연구를 바탕으로 주일을 성수하면 건강해진다고 밝혔다. 매주일 출석하는 신자와 그렇지 않은 이들의 건강을 비교했다. 그는 잘 믿는 이들에게는 심장병, 간 경화, 결핵, 암, 만성 기관지염이 없다는 사실과 자동차 사고도 적은 것을 알아냈다.

다음은 「타임지」에 보도된 글이다.

2만 8천 명을 대상으로 의료 설문을 한 결과, 매주일 예배에 빠지지 않은 사람이 주일을 지키지 않은 사람보다 평균 수명이 7년 더 길다. 이에 대한 분석은 첫째, 하나님을 신뢰하는 데서 오는 평안이며, 둘째, 어려움을 나눌 수 있는 친구들이 있어서라는 것이다.

주의 날과 주의 전을 향한 열성이 우리에게 있으면 얼마나 좋을까?

6. 하나님을 가까이하는 자

하나님을 가까이함이 내게 복이라(시 73:28 상반절)

우리는 사랑하는 사람이나 사랑하는 대상을 가까이한다. 그만큼 가까움close-ness은 우리의 관심, 친밀함 그리고 애정의 표지다.

이 세상에는 우리의 관심과 주의를 끄는 것이 얼마나 많은가? 어떤 이들은 그것들에 사로잡혀 자신이 누구인지, 무엇을 하는지, 무엇을 위해 사는지 자신의 정체성identity과 인생의 목적destination을 상실하는 경우가 허다하다.

그런데 시편 기자는 무엇보다 하나님을 가까이하기 위해 힘쓸 뿐만 아니라, 하나님을 가까이함을 복으로 삼는다. 그에게 있어 진복眞福은 '하나님과 갖는 교제'다.

믿음의 조상 아브라함은 하나님과 매우 가까운 '친구'였다(사 41:8).

그만큼 아브라함은 하나님을 사모하고, 하나님을 가까이하고, 사랑하고, 동행했다는 증거다. 그의 생애에 등불로 주신 아들 이삭을 번제로 바치라고 말씀하셨을 때, 한 치도 주저함 없이 모든 준비를 마친 후 아침에 일찍 일어나 모리아산으로 향했다. 사랑하는 친구를 위해 자신의 생명보다 더 귀한 아들의 목숨을 바치려고 했던 것이다(요 15:13, "사람이 친구를 위하여 자기 목숨을 버리면 이보다 더 큰 사랑이 없나니"). 아브라함과 하나님 사이에 끼일 것은 아무 것도 없었다.

예수님은 우리를 친구로 부르셨다(요 15:14-15). 그분은 친구인 우리를 위해 목숨을 버리셨다. 그런데 우리는 세상 무엇보다 우리를 위해 자기 목숨까지 버리신 귀한 친구 예수님을 가까이하는가? 영생하는 양식보다 썩을 양식을 얻느라 삶을 소비하는 데만 열정을 쏟고 있지는 않은가? 하나님 나라와 그 의를 사모하는 것보다 땅의 것을 얻기 위해 신앙과 양심을 내팽개치고 있지는 않은가?

하나님은 우리를 가까이하시며[11] 친구가 되어 주신다.
예수님은 몹쓸 죄인인 우리를 가까운 친구로 삼아 주셨다.
그렇다면 우리는 귀한 친구에게 사랑을 되돌려드려야 하지 않을까?

---

11 신명기 4:7.

7. 마음에 시온의 대로가 있는 자

주께 힘을 얻고 그 마음에 시온의 대로가 있는 자는 복이 있나이다(시 84:5)

사람에게는 두 가지 길이 있다. 마음의 길과 직접 밟는 길이다. 마음의 길은 직접 밟는 길을 좌지우지한다. 그/그녀가 걷는 길은 마음의 길을 의지한다. 따라서 마음이 하나님을 향하면 하나님이 임재하시고 경배를 받으시는 시온의 길로 행하게 되고, 마음이 세상에 있으면 세상이 제공하는 향락과 쾌락의 길을 걷는다. 그 길이 지옥으로 향하는 파멸의 길임을 깨닫지 못하면서.

'태양'의 사람 삼손은 마음에 시온의 대로人路를 갖지 못했다. 그는 하나님을 예배하는 길과 섬기는 길을 찾기보다 세속적인 향락의 길을 찾아 계속 걸었다. 그에 관한 성경의 기록 첫 장마다 '여자를 찾은 삼손'을 말하고 있다(삿 14:1, 15:1, 16:1). 하나님의 은총을 입은 그는 하나님이 맡겨 주신 사명의 자리보다 줄곧 향락의 자리를 찾았다. 그러다가 결국은 '세속이라는 가위'로 머리털이 밀리고 이방인에게 조롱을 당하다가 비참하게 생을 끝마치는 비운의 주인공이 되었다!

하나님을 향한 마음의 '시온의 대로'를 걷는 자는 여느 사람들이 소유하고 향유하는 세속적인 복을 훨씬 능가한초월한 복을 가진 자다. 세속적인 복은 영구하지 못하나 '시온에서 받는 복'은 영구하다.

우리 믿음의 3대 조상이 이 길을 선택했고(조상들의 선택이 아니라 하나님의 선택이다), 내가 이 길을 걷는다는 것은 여간 큰 복이 아니다. 조상들은 내게 돈 한 푼, 한 평의 땅을 유산으로 물려주지 못했지만, 그들은 위대한 신앙의 유산, 시온의 대로를 물려주셨다! 길을 가다가 크고 화려한 주택 앞을 지나노라면 가끔 위축되기도 하고 콤플렉스를 가질 때가 없지는 않지만, 그것은 단지 순간적인 감정일 뿐이다. 더 크고 영화로운 하늘 집을 바라보면 이내 뿌듯한 자부심을 느낀다.

실상 우리는 현실적으로는 좁은 길, 협착한 길을 걷고 있지만(마 7:13-14), 영혼은 시온의 대로를 걷고 있다. 하나님이 계신 시온산과 성전을 향하지만, 우리 안에 있는 천국(눅 17:21 "하나님의 나라는 너희 안에 있느니라")을 향하는 길도 걸어가고 있다.

아빌라의 테레사Teresa of Ávila는 『내면의 성Interior Castle』[12]에서 내면의 영혼의 성에 이르는 길을 체험한 것을 서술했다. 나의 개인적인 해석은 '내면의 성'에 이르는 길도 시온에 이르는 하나의 대로大路다.

그녀는 적극적인 묵상 기도active prayer of meditation로 첫째 궁방mansion에서 셋째 궁방에 이른다. 여기까지는 수원水原에서 물통으로 물을 끌어오는 것과 같은 노력이 이루어진다.

첫째 궁방은 하나님의 음성을 듣지만 아직 세상 것이 중심이며 페르소나persona와 손잡고 있다. 둘째 궁방에서는 하나님의 부르심이 훨씬 더 직접적으로 들리며 변화를 감지한다. 셋째 궁방은 진정한 그리스도교적 삶에 정착하는 시기다. 그러나 자아의식이 인격을 장악하고 있다.

넷째 궁방에서 일곱째 궁방에 이르는 길은 수용적인 관상 기도receptive prayer of contemplation의 길이다. 여기까지는 물통이 수원지 안에 있으므로 물이 저절로 채워지는 원리와 같다.

넷째 궁방은 전환기다. 영혼은 내적 평온의 상태로 인도받는다. 그리고 자기self의 심층과 접촉하면서 치료가 일어난다. 다섯째 궁방은 관상 기도가 심화되는 단계다. 영혼이 하나님 안에 있고 하나님이 영혼 안에 계신다. 즉 그리스도 안에서 죽고 새롭게 태어나는 경험을

---

12 St.Teresa of Ávila. *Interior Castle*(New York, London, Toronto, Sedney, Auckland: An Image Book Doubleday, 1989), pp.7-235.

하는 단계다. 여섯째 궁방은 영혼의 성에서 가장 긴 부분인데, 테레사는 이 궁방에서 하나님과 약혼하는 시기라고 말한다. 하나님에 대한 경험은 불타는 것과 같고, 다메섹에서 바울의 경험과 같은 황홀함이 있다. 그리고 마지막 일곱째 궁방에서는 하나님과 합일을 이룬다.

첫째 궁방에서 여기까지 이르는 길을 '자아-자기-축'Ego-Self-Axis이라고 한다면, 일곱째 궁방에서 밖으로 향하는 길은 '자기-세계-축'Self-world-Axis이다. 즉 세상을 사랑으로 섬기러 나가는 것이다. 테레사는 이 사랑을 '관상적인 사랑'contemplative love, 즉 순수한 이웃 사랑이라고 말했다.

마음에 시온의 대로가 있는 자는 하나님을 사랑하고, 자기를 사랑하고, 이웃을 사랑하는 길(마 22:37-40)로 나아간다.

8. 주의 징계를 받고 주의 법으로 교훈 받는 자

> 여호와여 주로부터 징벌을 받으며 주의 법으로 교훈하심을 받는 자가 복이 있
> 나니(시 94:12)

벤저민 프랭클린Benjamin Franklin은 "나무에 가위질을 하는 것은 나무를 사랑하기 때문이다. 부모에게 야단맞지 않고 자란 아이는 똑똑한 사람이 될 수 없다."라고 말했다.

잠언 13장 24절은 "매를 아끼는 자는 그의 자식을 미워함이라 자식을 사랑하는 자는 근실히 징계하느니라."고 말씀한다. 하나님은 사랑하는 자녀들을 징계하신다. 징계가 없다는 것은 사생아이기 때문이다. 그리고 징계는 이후 의와 평강의 열매를 맺는다(히 12:8-11).

유대교는 법을 따르지 않을 때 다음과 같이 징계한다.

첫째는 호되게 책망하고 7-30일간 종교적 특권을 박탈하는 네지파nezipha, 둘째는 최소한 30일 동안 징계하고 효력이 없을 경우 30일을 추가 징계하는 니두이nidduy, 셋째는 무기한 출교하고 모든 사

교를 금지하는 헤렘Herem 그리고 마지막으로 영구 출교하는 쉼마타 Shemmmattah다.

이 같은 징계를 하는 목적은 그들 공동체 신앙의 순수성을 확보하기 위해서다.

초대 교회에는 징계discipline가 있었다. 그런데 요즘 교회에서는 징계가 사라졌다. 그러다 보니 신앙의 순수성과 교회의 성결성은 이미 퇴색해버렸고 경건의 모양은 있으나 능력은 찾아볼 수 없는 지경이 되었다. 목회자는 신도들의 눈치를 살펴야 목숨이 살아남고(?) 신도들은 목회자의 눈길을 피해서 세속의 늪에서 온갖 향락을 즐겨도 되는(?) 세상이 되었다.

나는 사랑하는 첫째 딸이 여섯 살 때에 거짓말을 한 일이 있어 회초리로 때린 적이 있다. 밤에 잠자는 딸의 다리에 회초리 자국이 있는 것을 보고는 그곳을 만지면서 눈물로 기도했다.

"하나님 아버지, 이 딸을 정직한 딸로 만들어 주옵소서!"

다음 날 오후, 딸이 하교하자 서오능西五陵에 데리고 가서 주변의 팬시fancy한 레스토랑에서 딸이 좋아하는 양식을 사 주면서 마음의 상처(?)를 어루만져 주었다. 미국에서 초등학교부터 대학원을 나온 딸은 착하고 정직하고 재능 있는 딸로 주님과 교회를 섬기고 있다!

나는 개인적으로 하나님이 내리시는 징계의 회초리를 많이 맞았고 지금도 맞고 있다. 죄 많고 교만한 나를 새로이 개조하시려는 하나님의 뜻이다.

하나님의 징계 회초리는 '사랑의 회초리'다!

9. 정의를 지키며 공의를 행하는 자

정의를 지키는 자들과 항상 공의를 행하는 자는 복이 있도다(시 106:3)

하나님 보좌의 기초는 의와 정의와 공평이며(시 89:14, 97:2), 그 위에 세워진 보좌는 거룩하고(시 47:8), 영화로우신(렘 17:12) 영광의 보좌다(마 25:31; 히 8:1). 그러므로 하나님은 정의와 공의를 기뻐하시며 그렇게 행하는 자들을 기뻐하신다.

여호와께서 이와 같이 말씀하시되 지혜로운 자는 그의 지혜를 자랑하지 말라 용사는 그의 용맹을 자랑하지 말라 부자는 그의 부함을 자랑하지 말라 자랑하는 자는 이것으로 자랑할지니 곧 명철하여 나를 아는 것과 여호와는 사랑과 정의와 공의를 땅에 행하는 자인 줄 깨닫는 것이라 나는 이 일을 기뻐하노라 _ 렘 9:23–24

내가 무엇을 가지고 여호와 앞에 나아가며 높으신 하나님께 경배할까 내가 번제물로 일 년 된 송아지를 가지고 그 앞에 나아갈까 여호와께서 천천의 수양이나 만만의 강물 같은 기름을 기뻐하실까 내 허물을 위하여 내 맏아들을, 내 영혼의 죄로 말미암아 내 몸의 열매를 드릴까 사람아 주께서 선한 것이 무엇임을 네게 보이셨나니 여호와께서 네게 구하시는 것은 오직 정의를 행하며 인자를 사랑하며 겸손하게 네 하나님과 함께 행하는 것이 아니냐 _ 미 6:6-8

하나님께 가져가는 그 어떤 제물보다 삶 속에서 정의sedaqa와 공의mispat를 실행하는 삶이 하나님이 요구하시고 하나님을 기쁘시게 하는 제물이다. 그렇지 않으면서, 그런 삶을 살지 않으면서 가지고 가는 제물은 제물답지 못하기에 받으시지 않는다.

가인은 악한 자에게 속한 삶을 살며(요일 3:12) 악한 길로 행하다가(유 1:11) 제물을 가지고 예배자로 나아갔지만, 하나님은 먼저 그를 받지 않으시고 그의 제물도 받지 않으셨다(창 4:5, "'가인'과 그의 제물은 받지 아니하신지라").

하나님의 관심은 우선적으로 사람과 그의 삶에 있다. 그러므로 우리가 우선 살펴야 할 것은 우리 삶 속에 정의와 공의가 실재하느냐 하는 것이다. 그것은 사생활, 법적, 정치적, 경제적 영역에까지 미쳐야 한다. 그것은 사회적인 약자를 억압하지 않고, 뇌물을 받고 가난한 자와 힘없는 자를 억울하게 하지 않는 일(암 5:12)부터 시작하여 올바른 저울과 추를 사용하는 작은 일까지 미쳐야 한다(이체를 위해 장사를 하는 것이라서 적당한 이윤은 정당한 것이다.).

> 속이는 저울은 여호와께서 미워하시나 공평한 추는 그가 기뻐하시느니라
> _ 잠 11:1

이사야는 정의와 공의를 잊어버린 자들의 예배를 정면으로 비판하고 탄핵한다.

> 너희의 무수한 제물이 내게 무엇이 유익하뇨 나는 숫양의 번제와 살진 짐승의 기름에 배불렀고 나는 수송아지나 어린 양이나 숫염소의 피를 기뻐하지 아니하노라 너희가 내 앞에 보이러 오니 이것을 누가 너희에게 요구하였느냐 내 마당만 밟을 뿐이니라 헛된 제물을 다시 가져오지 말라 분향은 내가 가증히 여기는 바요 월삭과 안식일과 대회로 모이는 것도 그러하니 성회와 아울러 악을 행하는 것을 내가 견디지 못하겠노라 _ 사 1:11–13

나는 신학대학교 4학년 재학 시절에 내가 다니는 신학대학교로 전입하려는 학생들이 치루는 시험장에 감독관의 일원으로 들어갔다. 감독하는 중에 내가 개인적으로 잘 아는 여학생이 영어 시험지를 받고서 진땀을 빼고 있었다. 슬그머니 곁에 가서 보니 단 10분 안에 번역과 영역을 할 수 있는 쉬운 문제였다. 나는 그 여학생을 붙여 줄 심

산으로 개인적으로 친분이 두터운 주 감독 처장님께 다가가서 모기만 한 소리로 사정을 이야기하며 눈을 감아달라고 부탁드렸다.

처장님은 "미스터 리, 그러면 오늘 일이 평생 미스터 리를 따라다닐 것인데, 하나님 앞에서 괜찮을까?"하셨다.

그 말씀을 듣고 나니 내가 하고자 하는 일은 공의로운 처사가 아니었다. 결국 그 여학생은 전입하지 못하고 말았지만, 공의를 무너뜨리지 않은 것이 여간 다행이었다. 그 이후로 나는 될 수 있으면 정의와 공의의 길로 가려고 애쓴다.

하나님 앞에서 선을 행하며 정의와 공의를 지키는 자는 복 있는 자다!

10. 여호와를 경외하며
그의 계명을 크게 즐거워하는 자

여호와를 경외하며 그의 계명을 크게 즐거워하는 자는 복이 있도다(시 112:1)

세상에는 우리에게 즐거움을 주는 것이 무수하다. 맛있는 음식과 요리, 사랑하는 사람이나 친구들과 시간 가는 줄 모르고 나누는 대화, 가슴을 설레게 하는 여행, 독서의 즐거움, 성적 즐거움 등 이루 헤아리기 힘들다.

그런데 이들 즐거움보다 비교할 수 없이 더 큰 즐거움이 있다. 그 것은 하나님을 경외하면서 그분이 주신 계명을 즐겨 따르는 즐거움이 다! 다른 즐거움과 달리 이 즐거움은 우리 영혼을 일깨우며 살찌게 한 다. 레슬리Robert. C Leslie는 인간의 삶이 하나님의 말씀과 관계되어 있 을 때 그/그녀는 새로운 차원으로 들어가게 된다고 말한다.[13]

---

13   로버트 C. 레슬리, 『예수와 의미 요법』 도병일 역(서울: 혜선문화사, 1976), p.16.

우리는 의당 지극히 높고 광대하신 하나님을 두려워해야 하지만, 흔히 하나님을 '도구적인 하나님'deus ex machina 혹은 '결함을 메꿔 주는 하나님'God of the gaps으로 삼을 때가 많다. 본회퍼Dietrich Bonheoffer의 말을 빌리자면, 자신의 한계 상황을 넓히기 위해 기계적으로 찾는 '벽장 속의 하나님'으로 이용하고 조종할 때가 많다. 다급하면 쫓아가서 벽장문을 열고는 "오, 하나님 도와주소서!O, My God, help me!" 하지만, 위급 상황이 끝나면 하나님을 도로 벽장 속에 집어넣고 벽장문을 닫아 버린다.

수험생들이 대입 시험을 치를 때는 새벽 기도 자리가 터져 넘치지만, 입시철이 끝나면 새벽 기도실은 텅 빈다. 내가 지방에서 목회할 때 암에 걸린 것이 판명되자 평소 새벽 기도실 담을 쌓던 한 교회 중직이 두 주간 새벽 기도에 나왔다. 그런데 암 수술이 성공적으로 끝나자 언제 그랬더냐 하는 것처럼 새벽 기도는커녕 주일도 제대로 지키지 않았다!

루돌프 오토Rudolf Otto는 "하나님의 거룩하심은 두렵고 황홀한 신비mysterium tremendum다."라고 말하면서 우리 모두는 하나님의 현존 앞에서 두렵고 떨리는 체험을 가져야 한다고 말한다. 여기에는 죄인을 향한 하나님의 진노 체험, 피조물이 창조주 앞에 서는 위압 체험, 절대 신비자 앞에서 자신이 티끌과 재에 불과하다는 피조물적 감정 체험이 속한다. 그리고 말씀 앞에 두려운 떨림으로 반응하는 자에게 하나님은 자비와 용서, 사랑을 베푸신다.

나 자신에 관한 한, 하나님은 내가 하나님을 서서히 두려워하는 마음을 주시기 시작하셨고, 하나님에 대한 경외심을 찬양으로 바꿔 주시기 시작했다.

한때 독서의 즐거움에 푹 빠졌던 책벌레book-addict였던 나는 이제 책에서 자유를 얻었다. 소장하던 원서들을 파키스탄에 있는 도서관에 기증하고, 친구와 후배들에게도 나누어 주고, 어떤 책은 꼭 구매하고자 하는 자에게 팔기도 했다. 이는 그 어떤 책도 하나님의 말씀과 그 안에 담긴 계명에 대한 순종만큼 내게 즐거움을 주지 못했기 때문이다.

나는 요즘 매일 밤 하늘의 별들을 올려다보면서 (점점 희미해지고 있지만) 찬송을 드리고 간절히 기도한다.

"오, 하나님! 하나님을 경외하는 마음을 주소서! 하나님을 사랑하게 하소서! 주신 계명을 따라 순종하는 삶을 살게 도우소서!"

그때마다 찾아오는 힘과 위로는 말로 다 표현할 수 없다.

그뿐이겠는가?

하나님과 말씀계명에 대한 사랑과 즐거움은 안식을 준다. 우리가 누릴 종말론적 안식eschatological rest을 '현재 여기서 맛보는 안식'이다.

게렛신학대학원의 저명한 신약학 교수인 로버트 쥬엣Robert Jewett은 그의 저서 『순례자에게 보내는 편지Letters to Pilgrims』에서 하나님의 말씀과 계명을 즐거워하는 자들이 받아 누릴 '안식'에 대해 말한다.

> 말씀을 읽고 순종하는 '오늘' 이 시간은 '변증법적 안식'(dialogical or dialectial sabbath)을 누리는 '오늘'이다. 즉 종말에 누릴 안식을 '지금 현재 여기서'(now and here) 누리는 것이다(히 3:7, 13, 15-16, 4:7, 11). 히브리서 기자는 그것을 오늘 우리에게 말하고 있다.[14]

만일 이스라엘 백성이 출애굽이라는 큰 구원을 주신 하나님을 경외하고 주신 말씀의 계명을 정말 잘 지켰더라면, 약속의 땅에서뿐 아니라 광야 노정에서도 안식을 누렸을 것이다. 그러나 현실은 그렇지 못했다. 그 까닭은 그들이 하나님을 경외하지 않고 계명을 버렸기 때문이다.

존 웨슬리John Wesley는 한 권의 책의 사람homo unius libri이 되겠다는 결심을 한 바 있다. 그 안의 계명을 즐거워하면서.

---

14   Robert Jewett, *Letter to Pilgrims*(New York: The Pilgrim Press, 19821), p.67.

11. 야곱의 하나님을 도움으로 삼으며 하나님께 소망을 두는 자

> 야곱의 하나님을 자기의 도움으로 삼으며 여호와 자기 하나님에게 자기의 소망을 두는 자는 복이 있도다(시 146:5)

하나님을 도움으로 삼지 않고, 사람과 병거, 말을 의지하는 사람들(시 20:7), 많은 군대와 군마를 의지하는 사람들(시 33:16), 고관들을 신뢰하는 사람들(시 118:9), 많은 사람을 의지하는 사람들(삼상 14:6)이 있다. "뭐니 뭐니 해도 머니money[15]가 제일이야!" 하면서 돈money을 의지하는 사람도 허다하다. 그러나 궁극적으로 하나님 외에 우리에게 도움을 줄 것은 세상에 존재하지 않는다. 일시적인 도움을 줄 수 있을지라도.

시편 기자는 "내 마음이 그(하나님)를 의지하여 도움을 얻었도다."(시 28:7)라고 고백한다. 어떤 도움일까? 우리를 가장 힘들게 하는

---

15 돈, 섹스, 권력 이 세 가지는 리처드 포스터가 지적한 대로 현대인의 우상이다.

환난troubles일 것이다. 그러나 하나님은 환난 날에 우리를 도우신다(시 20:1-2).

하나님은 우리의 피난처시요 힘이시니 환난 중에 만날 큰 도움이시라
(God is our shelter, our strength, and present help at trouble) _ 시 46:1

인생을 살아가는 동안 누구에게나 피난처Shelter가 있어야 한다. 피난처가 없는 삶은 보통 위험한 것이 아니다. 그리고 힘이 있어야 일어설 수 있다(잠 24:16). 또한 뭔가 도움 없이는 살아갈 수 없는 것이 인생이다. 그런데 하나님은 피난처가 되어 주시고 힘을 주시고 도움을 주시는데, 보통 도움이 아니라 큰 도움을 주신다!

그리고 인생을 살아가는 데 피난처도 필요하고, 힘도 필요하고, 도움도 필요하지만, 소망은 더욱 필요하다. '소망 없는 삶은 무덤'과 같기 때문이다. 그런데 하나님은 우리의 소망이 되어 주신다.
헨리 나우웬Henry Nouwen은 말했다.

소망은 자유를 낳는다. 소망은 미래를 예측해야 할 필요에서 우리를 자유하게 하며, 하나님이 우리를 결코 홀로 내버려두지 않으리라는 깊은 신뢰와 더불어서 현재의 순간을 살아가게 해 준다. 소망은 낙심에 압도되지 않게 하며, 생을 있는 그대로 바라보게 하는 자유를 주며, 현재의 환경을 창조적으로 살게 하는 자유를

준다.

제임스 그레이(James Gray)는, "천국의 소망이 확실하다면 이 세상에서의 어려움이야 얼마든지 견딜 수 있지 않겠느냐?"라고 말했다.

우리는 하나님과 천국을 소망하는 가운데 자유를 누릴 수 있다. 바울처럼 주님을 소망하면서 부활의 고지를 향해 달려가면, 부활의 고지 아래 있는 세상 모든 것들은 아무것(nothing)도 아니다.

히브리서 기자는 우리에게 "믿음의 주요 또 온전하게 하시는 예수를 바라보자."(히 12:2)라고 당부한다. 이는 곧 본체론적으로 하나님이신(히 1:3) 예수 그리스도를 소망으로 삼으라는 의미도 될 것이다. 또한 마음 중심에 그리스도를 모시라는 의미도 될 것이다. 주님을 좋은 여관방에 모시지 않고 말구유에 모시는 슬픈 말구유의 역사를 되풀이하지 말라[16]는 뜻 말이다!

예수님은 우리의 궁극적인 소망이시다!

---

16 존 헌터, p.51.

　　지금까지 고난 중에 시편을 묵상하면서 내가 개인적으로 만난 하나님을 두서없이 기록한 것을 나눈다. 고난 중에 있는 성도들에게 조금이라도 도움이 된다면 하나님께 감사할 일이다.

　　너무나도 광대하고 높으신 하나님! 낮고 천한 우리에게까지 오셔서 사랑과 은혜의 역사를 펼치시는 창조와 구원의 하나님을 나보다 더 깊이 체험하고서도 아직 소개하지 않고 소중히 간직하고 있는 분이 얼마나 많을 것인가? 그것을 생각하면 절로 부끄러워진다.

　　오늘 밤도 신작로에 나서서 희미해진 밤하늘의 별들을 바라보며 주 하나님을 찬양한다. 광대무변한 우주에 계시지만, 고난의 짐을 여태까지 지고 있는 나에게까지 오셔서 어루만지시고 위로해 주시고 소망을 주시는 주 하나님께 감사 기도를 올리며 찬양을 드린다!

참고 도서

1. 외서

Daniel C. Matt, *The Essential Kabbalah; The Heart of Jewish Mysticism*. New York: HarperCollins. Pub., 1995.

Josh MacDowell, *More than a Carpenter*. Wheaton, ILL: Liberary of Congree, 1977.

Ken Wilber, *No Boundary*. Boston, London: Shambhala, 1979.

Kerry Kerr McAvoy, *Bringing Hope And Healing: Jesus, the Ultimate Therapist*. USA: International Bible Society, 2010.

Morris Inch, *Psychology of the Psalm*. N.Y: Abingdon Press, 1986.

Paul Pettit(ed.), *Foundations of Spiritual Formation: A Community Approach to Becoming Like Christ*. Grand Rapids, MI: Kregel Pub., 2008.

Robert Jewett, *Letter to Pilgrims*. New York: The Pilgrim Press, 1981.

Robert Moore, *King, Warrior, Magician, Lover*. N.Y: HarperSanfrancisco, 1990.

St. Teresa of Ávila. *Interior Castle*. New York, London, Toronto, Sydney, Auckland: An Image Book Doubleday, 1989.

Victor Frankl, *Man's Search for Meaning*. N.Y: Washington Aquare Press, 1984.

2. 한서/번역서

맥더프, 『양의 목자』 김준혁 역(서울: 베다니), 1968.

멀린 R. 캐로더스, 『감옥 생활에서 찬송 생활로』 유화례·정창식 공역(서울: 보이스사), 1993.

멀린 R. 캐로더스, 『찬송 생활의 권능』 민병길 역(서울: 보이스사), 1998.

소시니 리아우, 『당신의 문화로 그리스도를 존귀케 하라』 현문신 역(서울: 예수전도단), 1997.

알란 리차드슨, 『과학, 역사, 신앙』 홍영학 역(서울: 대한기독교서회), 1958.

에리히 프롬, 『소유냐 존재냐』 박병진 역(서울: 육문사), 1987.

유진 피터슨, 『다윗: 현실에 뿌리박은 영성』 이종태 역(서울: IVP), 1999.

이경희, 『그리스도인이 찬양해야 할 101가지 이유』 (서울: 드림북), 2005.

존 A. 샌포드, 『영혼과 육체의 치유』 문종원 역(서울: 생활성서사), 1992.

존 번연, 『예수님의 뜨거운 기도』 이기승 역(서울: 씨뿌리는사람), 2006.

존 헌터, 『하나님을 제한하지 말라』 권혁봉 역(서울: 생명의말씀사), 1978.

존 헤이글, 『고통과 악』 이세영 역(서울: 생활성서사), 2003.

최혁, 『나의 찬송을 부르라』 (서울: 규장), 1994.

카프만, 『광야의 샘』 변계준 역(서울: 보이스사), 1969.

캘빈 밀러, 『하나님이 기뻐하는 삶』 김창대 역(서울: 브니엘), 2005. (Oswald Chambers, *My Utmost for His Highest*. Uhrichsville, Ohio: Barbour & Co., Inc, 12.7 재인용)

켄 가이어, 『고통의 은혜』 오현미 역(서울: 규장), 2002.

프레드릭 마이어, 『고난은 선물이다』 황수철 역(서울: 생명의말씀사), 1995.

하라사키 모모코, 『내 눈물이여 내 노래가 돼라』 고계영 역(서울: 컨콜디아사), 1980.

행크 헤네그라프, 『예수님의 기도』 마영례 역(서울: 두란노), 2001.

호로버트 C. 레슬리, 『예수와 의미 요법』 도병일 역(서울: 혜선문화사), 1976.

호레이셔스 보나르, 『하나님의 자녀가 고통당할 때』 윤여성 역(서울: 말씀보존학회), 2001